The Annual Report on the Eco-System of
Science and Technology Finance in China 2023

中国科技金融生态年度报告

2023

中国科学技术发展战略研究院 / 中国科技金融促进会 ◎编著

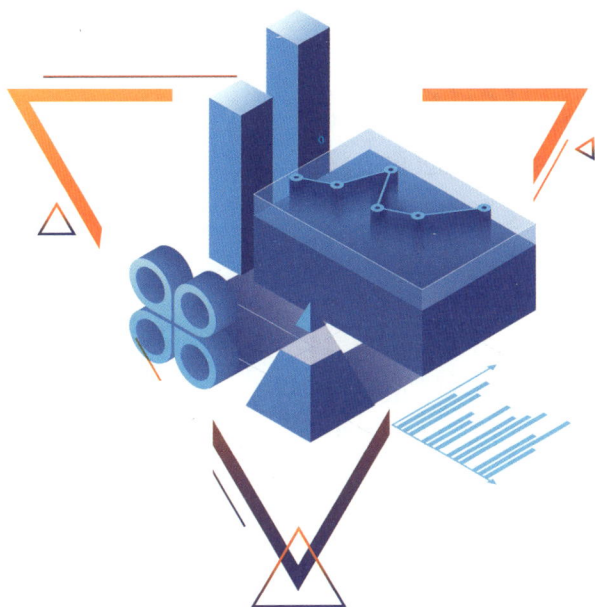

科学技术文献出版社
SCIENTIFIC AND TECHNICAL DOCUMENTATION PRESS
·北京·

图书在版编目（CIP）数据

中国科技金融生态年度报告. 2023=The Annual Report on the Eco-System of Science and Technology Finance in China 2023 / 中国科学技术发展战略研究院，中国科技金融促进会编著. —北京：科学技术文献出版社，2023.12

　ISBN 978-7-5235-0381-2

Ⅰ.①中… Ⅱ.①中… ②中… Ⅲ.①科学技术—金融—研究报告—中国—2023 Ⅳ.① F832

中国国家版本馆 CIP 数据核字（2023）第 237986 号

中国科技金融生态年度报告2023

策划编辑：陈梅琼　　责任编辑：李　晴　　责任校对：王瑞瑞　　责任出版：张志平

出　版　者	科学技术文献出版社
地　　　址	北京市复兴路15号　邮编 100038
编　务　部	（010）58882938，58882087（传真）
发　行　部	（010）58882868，58882870（传真）
邮　购　部	（010）58882873
官 方 网 址	www.stdp.com.cn
发　行　者	科学技术文献出版社发行　全国各地新华书店经销
印　刷　者	北京时尚印佳彩色印刷有限公司
版　　　次	2023 年 12 月第 1 版　2023 年 12 月第 1 次印刷
开　　　本	889×1194　1/16
字　　　数	117千
印　　　张	5.5
书　　　号	ISBN 978-7-5235-0381-2
定　　　价	68.00元

编辑委员会

前 言

　　为全面贯彻落实中央金融工作会议精神，我国科技金融工作继续深入推进，金融对科技创新的支持被更广泛地关注与重视，越来越多的金融资源进入科技创新领域，科技金融已经成为中国金融工作的重要领域，但外部环境的影响也对科技金融行业发展带来了挑战。

　　资本市场不断推动股票融资和债券融资创新，科技创新企业通过资本市场融资的选择更加多样化；资本市场的改革与创新在强化自身服务科技创新能力的同时，进一步优化了创业投资行业退出环境，为创业投资可持续发展提供了更好的基础，但受国际宏观环境和国内预期减弱等不利因素影响，我国创业投资行业活跃度大幅下滑，增幅也有所下降。各级政府进一步发挥政策工具效应，加大对科技创新的支持力度，同时加强与银行业金融机构合作，政府发挥财政资金风险分担作用，利用碳减排专项工具激励新增贷款向科技创新和绿色低碳发展倾斜，与保险机构积极合作拓展科技保险业务、研发科技保险产品、创新科技保险服务模式，持续深化服务科技创新战略；债券市场则加快产品开发，连续推出面向科技创新的债券品种、融资工具，为科技创新企业提供更多样的融资选择。此外，区块链、人工智能大规模语言模型等技术在更广泛的金融场景下应用，在改善企业融资、提高金融机构风险控制能力方面发挥着重要作用。

　　做好科技金融这篇大文章，未来需要进一步统筹协调金融各部门、各领域的政策工具，加强对新科技、新赛道、新市场的金融支持力度，培育新动能，支撑创新驱动发展战略更好地实施。

目 录
CONTENTS

领域篇

Chapter 1 第一章　创业投资

中国创业投资（VC）发端于 20 世纪 80 年代，自 2000 年以来，保持高速增长态势，到 2015 年规模首次超过欧洲，位居全球第二。近年来，在国内国际宏观环境等不利因素影响下，我国创业投资行业受到较大冲击，增长乏力，市场发展困境更为凸显，亟待引起高度关注。

中国创业投资发展的现状

创业投资机构增长乏力，管理资本总量增速放缓

据科技部专项统计，截至 2022 年年底，中国在营的专业化创业投资机构共 4070 家。其中，VC 管理机构 1041 家，同比下滑 2.9%；VC 基金 3029 支，同比增长 21.3%；管理资本 1.45 万亿元，同比增长 11.4%，占 GDP 总量的 1.2%。

2.9%

从历史趋势看，中国创业投资起步于 20 世纪 80 年代，2010—2018 年进入快速扩张期，近年来受宏观经济与外部环境影响，增速放缓（图 1-1）。

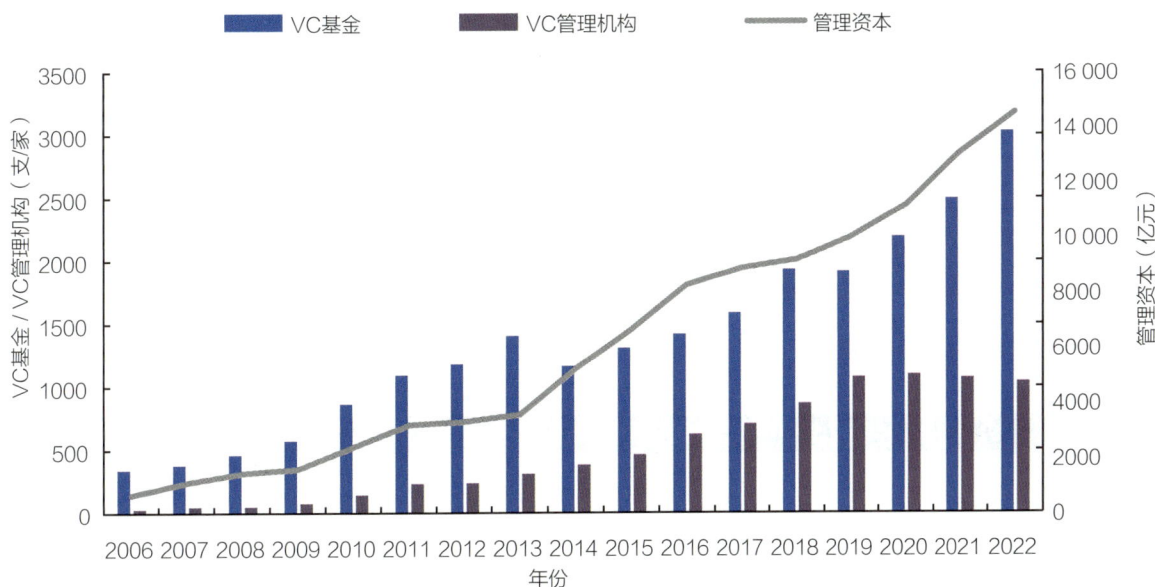

图 1-1　中国创业投资机构总量与管理资本（2006—2022 年）

● 募资难凸显，新增资金募集大幅减少

据统计，2022 年新增创业投资基金 513 支，同比减少 2.3%；新增管理机构 126 家，同比减少 7.3%。新募集管理资本 2515.8 亿元，同比大幅下滑 20.1%，且募集资本主要来源于已有少数规模较大基金，募资 2366.2 亿元，来源于新增机构的募资资本仅 149.6 亿元。

从出资方看，民营投资机构出资意愿下降，出资占比为 17.94%，同比下降 3.58 个百分点；金融持牌机构（包括银行、信托、保险、证券）出资的绝对量和相对量均持续下滑，合计占比仅为 6.98%；外资出资大幅下滑，仅占 0.38%。各类国有资本出资相对占比持续上升，国有独资投资机构（31.61%）、政府引导基金（14.36%），以及其他政府财政资金（8.55%）合计占比超过 50%，同比增长 5.7 个百分点，成为行业主要的募资来源（图 1-2）。

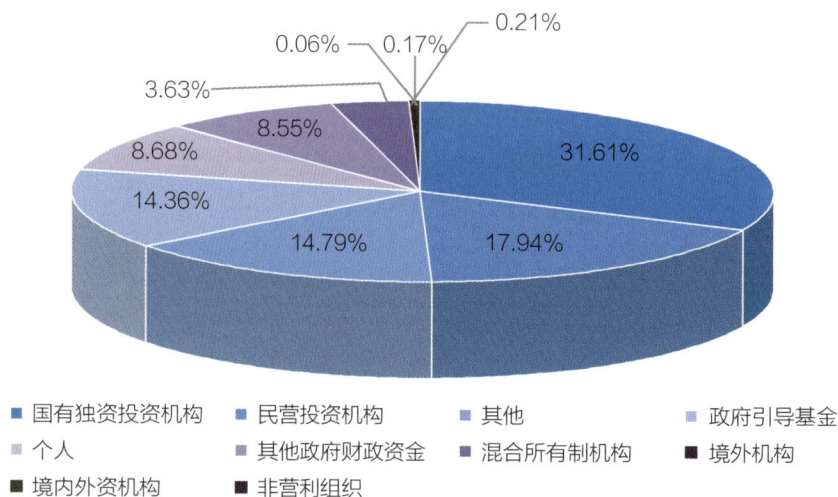

图 1-2　中国创业投资资本来源占比（2022 年）

- ■ 国有独资投资机构　■ 民营投资机构　■ 其他　■ 政府引导基金
- ■ 个人　■ 其他政府财政资金　■ 混合所有制机构　■ 境外机构
- ■ 境内外资机构　■ 非营利组织

饼图数据：31.61%、17.94%、14.79%、14.36%、8.68%、8.55%、3.63%、0.06%、0.17%、0.21%

◖● 投资总量降幅较大，投资行业更多转向硬科技

截至 2022 年年底，创业投资累计投资项目数超过 3.5 万项。2022 年当年披露投资 3149 项，同比下滑 18.2%；披露投资金额 744.7 亿元，同比下滑 26.3%。与此同时，投资阶段持续后移，当年投资于种子期的投资金额仅占总量的 8.8%，同比大幅下滑了 4.83 个百分点；投资项目数占比为 20.2%，同比下滑了 0.6 个百分点。

在投资方向上，在国家相关政策引导下，中国创业投资不断向高新技术企业集聚。2022 年投资于高新技术企业的项目共 1490 项，投资金额为 341.5 亿元，占全部投资的比重分别为 47.3%、45.9%，较 2021 年有所提升。其中，新能源、高效节能技术，半导体和生物科技领域的投资增长尤为突出，投资金额占比分别为 14.0%、13.9%、8.1%（表 1-1）。

表 1-1 2013—2022 年中国创业投资前十大领域（按投资金额）

单位：%

投资行业	2013 年	2014 年	2015 年	2016 年	2017 年	2018 年	2019 年	2020 年	2021 年	2022 年
新能源、高效节能技术	8.7	2.9	3.0	2.0	2.0	5.2	7.2	3.1	4.3	14.0
半导体	1.4	1.4	0.7	1.0	0.8	3.0	8.5	10.7	16.4	13.9
生物科技	2.3	3.7	2.1	1.9	8.0	4.5	3.7	4.8	5.2	8.1
新材料工业	7.1	3.7	5.7	3.4	1.9	3.8	6.1	4.6	4.8	6.3
医药保健	10.0	7.4	5.4	3.7	9.0	10.8	8.1	14.3	10.6	6.1
金融保险业	10.1	2.9	5.7	7.0	5.1	3.6	3.9	2.1	1.7	3.8
传统制造业	7.2	7.6	3.8	2.0	4.0	5.8	8.1	2.2	3.4	3.7
软件产业	2.0	7.4	7.5	9.6	2.2	5.7	3.5	5.4	5.2	3.4
科技服务	1.0	2.2	1.8	1.6	1.3	2.9	3.9	3.4	5.0	3.4
IT 服务业	3.6	3.0	3.0	3.3	2.7	9.5	3.6	3.9	4.9	3.3
合计	53.5	42.1	38.6	35.3	37.1	54.8	56.7	54.7	61.3	65.9

● 资本市场改革持续推进，上市退出环境逐步改善

2022 年，中国创业投资行业共披露了 1178 个退出项目，较 2021 年下降了 9.1%。但随着资本市场改革的持续全面深化，全市场注册制正式实施，通过 IPO 方式实现退出的占比较 2021 年增加了 4.35 个百分点，达到 23.86%。境内科创板上市成为创业投资企业 IPO 退出的最主要渠道，在上市退出中的占比高达 44.40%，同比增加了 13.12 个百分点。

全行业的项目退出收益率达到 169.8%，较 2020 年大幅增加了 54.9 个百分点，行业年均收益率为 25.99%，比 2021 年增长了 3.15 个百分点（图 1-3）。

图 1-3　中国创业投资退出投资收益率（2013—2022 年）

政府引导基金步入规范发展阶段，优化整合成为常态

截至 2022 年，我国累计设立政府创业投资引导基金 693 支，其中，2022 年新设立政府创业投资引导基金 46 支，同比下降 63.0%。近年来，全国多个地区陆续进行政府引导基金整合的尝试与探索，部分地区还通过引导基金管理平台整合、管理机构联动、跨区域层级合作、打造基金矩阵等方式实现基金统筹管理与协调配合。2022 年，为进一步发挥政府引导基金对区域经济的支持效能，多地围绕基金的出资比例、返投要求、尽职容错与激励机制等方面进行了优化。苏州、南京等地设立了二手份额交易基金，探索政府引导基金退出的有效路径。

城市集群效应明显，多数地区增长乏力

从区域布局看，东南沿海和经济发达地区集聚效应明显，北京、江苏、浙江、广东依然是中国创业投资发展的重要区域。2022 年，4 个地区的机构数量合计占全国总量的 71.3%，同比提升 3.9 个百分点，管理资本总量合计占比为 63.1%，略有下降（图 1-4）。在市场整体低迷的情况下，江苏、广东、浙江、天津、陕西等地区保持了相对的活跃。

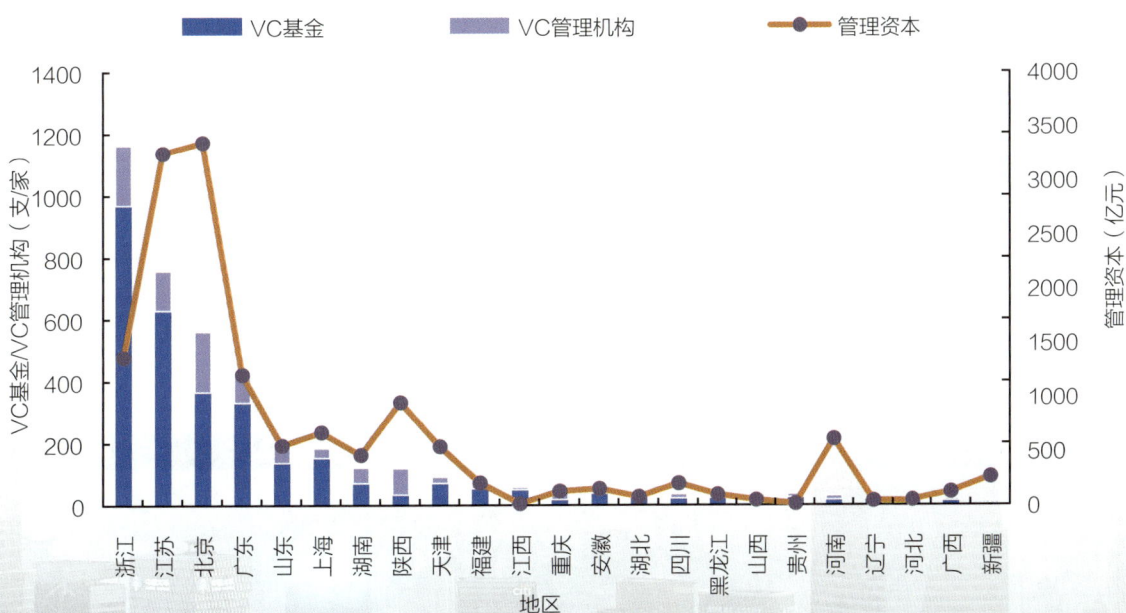

图 1-4　中国主要地区创业投资总量（2022 年）

● 美国对华创业投资呈断崖式下跌，加速撤离中国市场

长期以来，中美创业投资市场相互渗透、相互影响。美国创业投资不仅带动了中国创业投资行业的早期发展，也推动了中国高科技产业发展，包括阿里巴巴、腾讯、百度等一大批独角兽企业。2018 年以前，美国投资约占中国创业投资市场的 16%，2018 年投资 194.4 亿美元。随着美国对华投资安全审查的不断升级，来自美国的创业投资资本跌至历史冰点。据美国荣鼎集团统计，2022 年美国对华直接投资 82 亿美元，创 20 年来新低，其中对华创业投资仅 13 亿美元，创 10 年来低点（图 1-5）。2023 年 8 月，《关于处理美国在特定国家对某些国家安全技术和产品的投资问题的行政令》的出台或将进一步加剧美国创业投资撤离中国市场，美国创业投资巨头红杉资本宣布将于 2024 年 3 月拆分成 3 个独立公司，剥离中国业务。

图 1-5　美国对华创业投资总量变化（2008—2024 年）

（资料来源：笔者根据美国 Rhodium Group 数据库数据绘制）

当前中国创业投资行业发展的主要障碍

01

中国创业投资募资乏力且以短期资金为主，发展后劲不足。近年来，募资难问题是业内反映最为突出的问题。调查反映，募资难主要源于宏观环境的影响，以及对经济前景和政策持续稳定性的担忧。此外，各种政策制度障碍也加剧了效用。从募资结构可以看出，我国创业投资资本来源越来越依靠国有资本，民间长期资本供给不足。银行资本受资管新规限制，难以流入创业投资行业，保险类等长线资金由于其低风险偏好、大额投资等导向与创业投资特征错配，较少进入创业投资领域。民间资本尽管不断扩大，但尚未有效转化为合格投资人。作为高质量长期资本的重要供给方，外资投资人受相关政策限制和影响也开始撤离中国。近期政策显示，作为出资人的国有企业和上市公司对创业投资的范围限制也越来越严格。募资是创业投资行业的"蓄水池"，募资难导致累计可投资本继续下降，投资后续乏力。长期资本供给不足，导致我国创业投资基金设立时一般只能按照 3~5 年存续期设立，难以持续有效投资初创期科技型企业和国家战略性产业。

02

国有创业投资和政府引导基金分散、泛化、重复现象严重。受体制机制限制，难以有效实现其功能定位。据调查，目前各部门和地区设立的政府引导基金存在"条块分割"现象；相当一部分地方政府引导基金变相成为招商引资工具，造成了创业投资资金重复分散，行业无序竞争。受体制机制限制，大部分引导基金和国有创业投资机构较为关注资金的安全性，难以有效实现引导功能。2022 年针对政府引导基金的调查显示，影响政府引导基金发挥作用的原因主要表现为：募集社会资本难（25.8%）、对投资地区限制过严（18.2%）、财政出资占比缺乏弹性（15.9%）、地方缺乏好的投资项目（15.9%）、财政资金使用效率偏低（11.9%）、财政拨款时间滞后（7.9%）等。

03

创业投资发展的退出环境仍存在改善空间。有效退出成为创业投资实现收益增值的最后一环。数据显示，中国创业投资退出高度依赖资本市场，2022 年，创业投资机构在资本市场的渗透率为 78.86%，北交所的渗透率高达 98.8%，科创板的渗透率为 95.12%。2018年 3 月，证监会明确创业投资基金反向挂钩政策。2020 年 3 月，证监会对反向挂钩政策做了修订和完善。但据行业反映，在实际操作中减持新规落地难，创业投资机构往往退而求其次，采用询价转让的方式退出。此外，科创板的科创属性评价标准过细过窄，对科创企业IPO 募集资金使用和信息披露机制管理过严过细，缺乏创业投资企业的上市安排制度，S 基金（私募股权转受让基金）发育尚不成熟，海外资本市场发审障碍等方面，均影响了创业投资企业的退出收益和效率。

04

相关政策优惠落实不到位，行业获得感较差。差异化监管政策尚未落实。《国务院关于促进创业投资持续健康发展的若干意见》（国发〔2016〕53号）对创业投资基金实行差异化监管的要求还未被真正落实，套用证券投资基金监管框架的情况依然没有从根本上改变。对创业投资设置的注册、备案、审查、年检、内部风控、资金开户及托管等管理规定过繁，与创业投资的非特许金融、自律管理等行业属性不符，影响创业投资应有效能的发挥。创业投资税收优惠政策落地难。2018年，国家发布了鼓励创业投资的税收优惠政策。但调查显示[①]，目前享受税收优惠政策的企业不足10%。专项税收政策的实施过程中存在优惠力度小、申请程序复杂、耗时费力、不了解政策、申报积极性不高等方面问题。外资入境投资仍然存在政策障碍。尽管近年来通过 QFLP（Qualified Foreign Limited Partner，合格境外有限合伙人）政策试点及相应的外汇结算等制度改革，已基本清除外资创业投资跨境运作障碍。但据调查，在政策执行层面细节性问题较多，在申请政策时需要满足各试点地方的包括资金、门槛、投资人、投资方向等规定；而各试点地方规定宽紧不同，且存在冲突。创业投资跨境合作是实现"开放创新"的催化剂和风向标，目前的情形和趋势应引起警惕。

对策建议

01

进一步培育多元化主体，放宽募资渠道，鼓励引导各类长期资本进入创业投资行业。打破各类制度障碍，畅通各类优质民间资本、国有资本、部分金融资本及社会捐赠等中长期资本进入科技投资主渠道。鼓励构建与创业投资相适应的投资评价体系与考核激励机制，积极引导保险资金、社保基金、养老基金，以及主权财富基金等长期资本进入行业领域。适度放开银行资本、国有资本的限制，积极培养合格高净值人群，通过税收优惠等政策激励措施引导各类资本合规流入创业投资领域。

---

① 数据来源于科技部 2021 年开展的专项统计调查，有效企业样本为 2045 家。

02

充分尊重行业属性，构建与行业属性相适应的激励管理机制，引导行业管理向专业化精细化发展。尽快落实创业投资差异化监管政策，以解决机构注册难作为突破口，大幅减少过程干预。实行真正的行业自律，监管从目前的"行政性"为主转变为"法律性"为主，监管主要以超大型股权投资机构可能引发的系统性风险预警监控为重点。建立容错机制，明确政府引导基金采用长周期、"算总账"考核办法，强化创新类绩效指标导向，提高政府引导基金的风险容忍度，放宽子基金约束条件。优化国有投资和政府引导基金的人才激励与评价办法，规范管理费拨付等。积极推动相关税收优惠政策的落地，结合中关村试点、上海浦东试点等政策实施情况，适时扩大试点范围。提高抵扣应纳税所得额的股权投资比例，降低科创中小企业认定等程序的复杂性。

03

进一步完善与拓宽适宜创业投资属性的退出渠道，提高政策稳定性与精准性。进一步加强资本市场建设，增强市场与政策的稳定性，积极推动落实"反向挂钩"机制。研究优化科创属性判定机制和标准，提高科技证券市场对新兴及交叉业态的包容度。进一步放宽门槛型的财务指标。实行更具包容性的注册制。强化信息披露真实、准确、完整的基本原则，鼓励自愿披露。鼓励创业投资被投机构通过上市、挂牌、并购及协议转让等方式拓宽退出渠道。探索优秀创业投资企业的上市安排，探索开展私募股权份额转让试点。支持S基金（私募股权转受让基金）市场创新发展，引入国际专业中介服务机构等。

04

推进更高水平对外开放，畅通科技投资渠道。以营商环境改善为重点推动外资量增质升，充分发挥国内大市场优势，建设新技术应用场景和实验平台，提升市场环境吸引力。以提振外资创业投资信心为主要目标，实施新一轮外资创业投资鼓励支持政策。在国家外汇宏观审慎监管的前提下，扩大QFLP试点范围，进一步优化减少外资创业投资设立、资格审批和外币入资境内创业投资基金的结汇程序。研究放宽外资创业投资行业限制范围，以"边境后"规制改革为切口，进一步放宽外资准入限制，缩减外商投资准入负面清单，积极营造外商投资良好环境。

Chapter 2 第二章 资本市场

2022 年，在注册制改革推动下，我国多层次资本市场从"有"到"优"，板块体系日趋完备，形成了涵盖沪深主板、科创板、创业板、北交所、新三板、区域性股权市场在内的互联互通的多层次资本市场体系，服务实体经济能力显著提升。

资本市场总体情况

股票市场

总数稳步增长

上市公司总数稳步增长。截至 2022 年年底，上市公司总数达到 5079 家。如图 2-1 所示，上交所 2022 年上市公司数为 2174 家，同比增长 6.73%；深交所 2022 年上市公司数为 2743 家，同比增长 6.40%；北交所累计已有 162 家上市公司，其中江苏、广东、浙江、山东 4 个经济大省新增的北交所上市公司数量合计占比为 54%。从总量上看，江苏、广东、北京的北交所上市公司数量依然稳居全国三甲。

融资额再创新高

2022 年，A 股市场公开发行（IPO）融资额再创新高。Wind 数据显示，按照上市日期口径统计，截至 2022 年 12 月 30 日，A 股共计 425 家企业成功 IPO，其中上交所 IPO 公司数为 154 家，较上年同期下降 38.15%；深交所 IPO 公司数为 187 家，较上年同期下降 19.40%。从各大板块看，实施注册制的科创板和创业板成为 A 股 IPO 市场的主力。按数量计算，2022 年科创板和创业板 IPO 数量分别为 123 家和 148 家，合计占 2022 年 A 股 IPO 总数的 63%。虽然 IPO 家数较 2021 年有所下降，但首发募集资金合计达 5869.66 亿元。科创板首发募集基金总额为 2520.44 亿元，同比增长 24.22%；创业板首发募集资金总额为 1796.36 亿元，同比增长 21.78%。两者合计占 A 股 IPO 总融资额的 73%，充分体现了资本市场对科技创新企业及新兴产业的支持。

根据三大证券交易所官网，截至 2022 年年底，上市公司总市值为 79 万亿元。其中，上交所股票总市值为 463 787 亿元，同比减少 10.76%；深交所股票总市值为 324 219.15 亿元，同比减少 18.21%。按板块看，科创板、创业板、北交所总市值分别为 5.82 万亿元、11.27 万亿元和 2110.29 亿元。

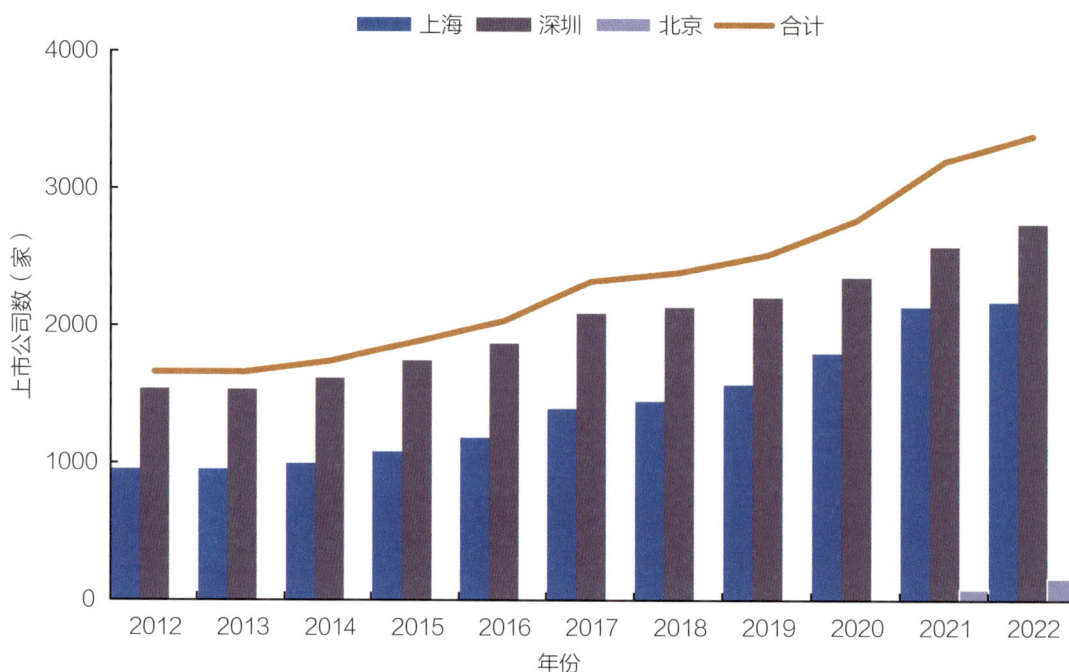

图 2-1 我国上市公司数（2012—2022 年）

（资料来源：各证券交易所统计数据，2021 年上海数据为 Choice 客户端上交所上市 A 股票总数，同时有 A 股和 B 股的公司数。
2022 年数据来源于《中国上市公司 2022 年发展统计报告》）

● 债券市场

2022 年，债券市场平稳运行，共发行各类债券 61.9 万亿元，同比基本持平。其中，银行间债券市场发行债券 56.0 万亿元，同比增长 5.4%；交易所市场发行 5.8 万亿元。2022 年，国债发行 9.6 万亿元，地方政府债券发行 7.4 万亿元，金融债券发行 9.8 万亿元，公司信用类债券发行 13.8 万亿元，信贷资产支持证券发行 3345.4 亿元，同业存单发行 20.5 万亿元[1]。

创新债券品种支持民营企业。2022 年，债券市场正式推出科创债券，截至 2022 年 12 月初，已经累计发行 70 支，募资规模超过 800 亿元[2]。

---

[1] 资料来源：中国政府网，《2022 年中国债券市场平稳运行》，https://www.gov.cn/xinwen/2023-01/28/content_5738886.htm。

[2] 资料来源：中国政府网，《2022 年金融市场运行情况》，https://www.gov.cn/xinwen/2023-01/21/content_5738362.htm。

资本市场的新特征

多层次资本市场不断扩容

推动资本市场不断扩容

2022年4月，《国务院办公厅关于推动个人养老金发展的意见》发布，提出推动发展适合中国国情、政府政策支持、个人自愿参加、市场化运营的个人养老金体系。从长期看，个人养老金入市后将为资本市场带来更多资金，同时也更加强化长期投资与价值投资，有利于需要长期稳定支持的科技创新类企业通过资本市场融资。2022年11月4日，人力资源社会保障部、财政部、国家税务总局、银保监会、证监会联合发布《个人养老金实施办法》。随后，证监会发布《个人养老金投资公开募集证券投资基金业务管理暂行规定》，明确了个人养老金投资公募基金业务等具体规定，标志着个人养老金投资公募基金业务正式落地实行。

进一步拓宽企业融资渠道

2022年，资本市场在制度层面落地了系列高水平开放举措。沪深港通机制持续优化。2022年6月，证监会发布《关于交易型开放式基金纳入互联互通相关安排的公告》，进一步深化内地与香港股票市场交易互联互通机制；7月，交易型开放式基金纳入内地与香港股票市场交易互联互通机制正式起航；8月，沪深港通交易日历优化工作正式启动；优化后，沪深港三所的共同交易日均可开通沪深港通交易，将不可交易天数减少一半。2022年2月，证监会发布《境内外证券交易所互联互通存托凭证业务监管规定》，将互联互通存托凭证业务范围拓展至瑞士、德国。

持续发挥支持绿色技术功能

积极引导资本市场加大对绿色技术支持。2022年3月1日，上交所发布《上海证券交易所"十四五"期间碳达峰碳中和行动方案》，从推进和完善绿色金融领域的规则制度建设、股权融资服务、债券市场发展、投资产品拓展、国际合作交流和投资者培育等方面进行了系统谋划，提出"行动期末，上交所市场绿色低碳发展取得明显进展，绿色产业融资明显提升，绿色职权及绿色ABS规模稳步增长"等行动目标，积极鼓励和引导资本市场服务碳达峰碳中和发展目标。

资本市场充分发挥直接融资功能，支持绿色技术和企业绿色转型，进一步助力经济发展体系绿色低碳可循环。2020 年至 2022 年 11 月，电力设备行业与电力行业共有 117 家公司在 A 股完成 IPO 首发募资上市，IPO 累计募资（含股东售股）超过 1706 亿元，其中 2022 年宁德时代增发 647 亿元，用于锂电池生产项目及新能源先进技术研发工作；同期，还有许多公司通过可转债方式进行再融资，用于企业绿色转型升级和创新 [①]。

绿色债券整体发行规模超速前进，2022 年上半年发行规模达到 4100.69 亿元。不断创新金融产品，上交所和交易商协会相继推出低碳转型债券 / 低碳转型挂钩债券和转型债券，转型相关债券适用于各行业节能减排技术研发和应用、化石能源清洁高效开发利用等。2022 年，宝钢股份发行了全国首单低碳转型绿色公司债券。

● 科技创新支持资本市场降本增效

银行间市场推出智能交易机器人，2022 年，中国外汇交易中心暨全国银行间同业拆借中心推出智能交易机器人服务，依托银行间市场专属聊天询价工具 iDEAL，设计了自动化询价流程及应用规范，实现报价商与投资者之间自动询价及成交，大幅降低传统场外市场中交易员海量询价的压力，提升交易效率与服务质量。2022 年先后已有多家银行及券商通过智能交易机器人实现全流程自动询价与交易，为银行间市场成员提供更高效多样的报价交易服务，对降本增效、风险控制等具有重要意义 [②]。

● 我国资本市场法治体系基本建成

2022 年 8 月 1 日，《中华人民共和国期货和衍生品法》正式实施。该法律重点围绕期货交易、结算与交割基本制度、期货交易者保护制度、期货经营机构与期货服务机构的监管、期货交易场所和期货结算机构的

[①] 李孔逸，刘丽，肖索，等 . 金融"活水"助推实体经济绿色转型：资本市场支持碳达峰、碳中和的思路与举措研究 [R]. 山证产业研究，2022.

[②] 陈志明 . 银行间市场推出智能交易机器人　货币和债券市场询价交易迈向智能化阶段 [N]. 金融时报，2023-01-05.

运行、期货市场监督管理、法律责任等方面做出了规定。2022 年，多个商品期货期权、金融期货期权品种上市。2022 年 12 月 22 日，我国第 5 家期货交易所广州期货交易所首个产品——工业硅期货合约正式上市。目前，我国期货期权上市品种数量已超过 100 个。根据中国期货业协会数据，2022 年全年全国期货市场累计成交量约 67.68 亿手，累计成交额约 534.93 万亿元。该法律的实施标志着我国资本市场法治体系基本建成，对期货市场法治建设具有里程碑意义，将开启我国期货市场发展新篇章。

面临的挑战

整体而言，资本市场发达程度与一国经济发展水平和阶段高度相关。2022 年，我国资本市场在国内外多重压力下表现得相对稳定，但仍然面临一定挑战。

01

市场资源仍然存在错配现象。截至 2022 年 12 月 30 日收盘，A 股排名前十公司科技创新类企业仍然较少，主要为金融和制造业；从同期美国资本市场看，前十大市值公司包括苹果、微软、谷歌、亚马逊、特斯拉、英伟达、Facebook、联合健康集团和强生公司等，几乎代表全球科技创新最前沿。

02

资本市场基础制度有待进一步完善。随着注册制的全面实施，市值及财务指标方面的上市标准和要求持续优化，为拟上市企业提供了更加多元的上市标准。但总体来看，我国上市标准整体仍然高于国外发达经济体，且上市标准要求仍然偏重于财务指标。此外，虽然我国新股发行机制经历了多次改革，但市场"打新炒新"、新股破发等现象仍然频繁发生，归根到底是新股发行价格不合理导致，资本市场的价值发现功能尚未充分发挥。而且，我国退市制度体系仍然滞后，退市率一直相对偏低，市场各类投机资本操纵对"壳资源""重组题材"等现象的市场炒作仍然存在，一些绩差公司股价仍然高于绩优公司股价，扭曲了资本市场价值发现和资源配置功能。

未来发展方向

　　资本市场是现代金融体系的重要组成部分。党的二十大报告提出"健全资本市场功能，提高直接融资比重"，为我国资本市场指明方向。下一步，需进一步发挥资本市场在资源配置、政策传导、风险管理等方面的功能和作用。

01　　**持续发挥资本市场资源配置功能。** 正确处理政府与市场关系，充分发挥资本市场在资源配置中的决定性作用，坚持金融服务实体经济导向、不断完善资本市场的资源配置功能。瞄准未来科技和产业发展制高点，激发资本市场资源配置作用，利用好资本市场融资功能，从资金链入手加大对科技创新类企业资金的支持力度，加快突破关键核心技术，促进创新链、产业链、资金链、人才链深度融合。更好发挥创业投资和私募股权投资基金作用，进一步畅通风险资本退出渠道。

02　　**不断完善资本市场制度体系。** 充分借鉴国外经验，积极完善支持我国科技发展的法律制度和政策体系；充分发挥财税政策的引导作用，为科技创新企业提供全生命周期的融资服务。充分发挥资本市场对科技创新企业价值发现、价格判断的作用，对已经上市的科技创新公司再融资、并购等加大支持力度。

Chapter 3 第三章 科技信贷

在国家创新驱动发展战略目标指引下，中国政府更加重视原始创新和科技成果的转化和产业化。为落实2030年前实现碳达峰目标，中央和地方政府高度重视绿色低碳技术创新及成果转化。目前，银行仍然是国内企业的重要融资渠道，因此，推动银行贷款支持科技创新，尤其是绿色低碳领域的科技成果转化和产业化，成为中央和地方政府重视的事宜。

中央政府出台多项政策举措推动银行支持科技创新

出台政策

近年来，中国人民银行、科技部、银保监会、财政部等部门加强合作，制定多项政策和措施，全面鼓励银行发放科技信贷。

优化重点领域金融服务

2022年7月，《中国银保监会办公厅关于进一步推动金融服务制造业高质量发展的通知》（银保监办发〔2022〕70号）中要求优化重点领域金融服务。银行机构要扩大制造业中长期贷款、信用贷款规模，重点支持高技术制造业、战略性新兴产业，推进先进制造业集群发展，提高制造业企业自主创新能力。加大对传统产业在设备更新、技术改造、绿色转型发展等方面的中长期资金支持。围绕高新技术企业、"专精特新"中小企业、科技型中小企业等市场主体，增加信用贷、首贷投放力度。优化制造业外贸金融服务，支持汽车、家电等制造业企业"走出去"。做好新市民金融服务，对吸纳新市民就业较多的制造业企业加大金融支持力度。积极稳妥发展供应链金融服务，依托制造业产业链核心企业，在有效控制风险的基础上，加强数据和信息共享，运用应收账款、存货与仓单质押融资等方式，为产业链上下游企业提供方便快捷的金融服务。

推广新型科技金融产品

2022年8月，《科技部　财政部关于印发〈企业技术创新能力提升行动方案（2022—2023年）〉的通知》（国科发区〔2022〕220号）中提到，推广企业创新积分贷、仪器设备信用贷等新型科技金融产品，为10万家以上企业增信授信。鼓励地方建设科技企业信息平台，共享工商、社保、知识产权、税务、海关、水电等信息，完善金融机构与科技企业信息共享机制。

● 中国人民银行和科技部等多部门联合启动建设科创金融改革试验区

继 2011 年和 2016 年科技部联合"一行三会"、财政部等部门启动"促进科技与金融结合试点"工作以来，2022 年 11 月，中国人民银行、国家发展改革委、科技部、工业和信息化部、财政部、银保监会、证监会、国家外汇管理局 8 个部门颁布《上海市、南京市、杭州市、合肥市、嘉兴市建设科创金融改革试验区总体方案》，选择上海市等作为科创金融改革试验区，着眼金融、科技和产业良性循环与互动，紧扣科技高水平供给和区域高质量发展，以金融支持长三角协同创新体系建设，加快构建广渠道、多层次、全覆盖、可持续的科创金融服务体系，突出金融供给侧精准发力，协同推进原始创新、技术创新和产业创新，推动形成金融供给和需求结构平衡、金融风险有效防范的良好生态，打造科技创新和制造业研发生产新高地。其中针对银行要求：

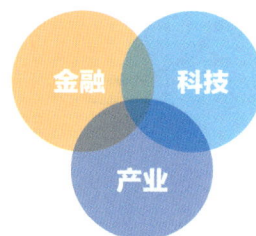

01 完善科创金融银行服务体系。鼓励商业银行在试验区内设立科技金融事业部、科技支行、科创金融专营机构等，授权建立专营的组织架构体系、专业的经营管理团队、专用的风险管理制度和技术手段、专门的管理信息系统、专项激励考核机制和专属客户的信贷标准，探索差别化管理方式。鼓励试验区内地方法人金融机构立足自身职能定位和战略发展方向，按照商业自愿原则重点支持科创企业。支持符合条件的商业银行设立理财子公司等专业子公司，重点关注科技创新领域。

02 要求优化科创金融产品供给。鼓励金融机构按照市场化原则评估借款人财务能力和还款来源，综合考虑项目现金流、抵质押物等情况，给予试验区内重大科技创新及研发项目信贷资金支持。大力发展知识产权质押、股权质押等贷款产品，进一步丰富信用贷款产品种类，加大信用贷款投放力度。提升面向科创企业的首贷比，有效发挥保险公司、担保机构等风险分担和增信作用，扩大信贷产品覆盖面。支持有内部评估能力的商业银行将知识产权评估结果作为知识产权质押授信的决策依据。支持金融机构创新软件、大数据等无形资产价值评估体系。

03 优化供应链金融服务，支持金融机构与供应链核心企业合作，开展应收账款质押贷款、标准化票据、供应链票据、保理等业务。支持商业银行运用"远期共赢"利率定价机制、在风险可控范围内开展无还本续贷，降低试验区内科创企业融资成本。鼓励金融机构加大对试验区内科创企业的融资支持力度。

04 支持银行业金融机构运用再贷款、再贴现资金加大对符合要求的科创企业的信贷投放力度。支持商业银行在风险可控、商业可持续前提下，强化与创业投资机构、股权投资机构合作，创新多样化科创金融服务模式。

2023 年 5 月，中国人民银行、国家发展改革委、科技部等部门印发《北京市中关村国家自主创新示范区建设科创金融改革试验区总体方案》，将中关村作为科创金融改革试验区，鼓励金融机构加大对北京市科技创新型企业支持力度。

1 在风险可控、商业可持续前提下，鼓励银行针对科技创新型企业特征和需求，积极开展信用贷款、研发贷款、知识产权和股权质押贷款等业务。

2 鼓励增加对先进制造业的中长期资金支持，引导银行提供更多中长期贷款，积极支持人工智能、量子信息、区块链、集成电路、生命健康、脑科学、生物育种、空天科技、深地深海、智能建造等前沿领域企业的创新研发、成果转化、产业升级等长期融资需求。支持银行对创新能力强、成长潜力大的创新型中小企业和科技型中小企业加大研发资金贷款、流动资金贷款等金融支持力度。激发人才创新活力，发挥企业家在技术创新中的重要作用，探索为入选国家人才计划的高端人才创新创业提供中长期信用贷款。

3 用好北京市政府性融资担保基金，发挥资本金总规模超过 200 亿元的政府性融资担保体系增信分险作用，着力支持创新型中小企业和科技型中小企业融资。降低政府性融资担保、再担保机构对科技创新型企业的融资担保、再担保费率，力争将创新型中小企业和科技型中小企业综合融资担保费率降至 1% 以下。

4 完善科创融资风险补偿和分担机制。鼓励北京市发挥财政贴息作用，利用贷款及债券贴息、担保费补贴等手段，降低中小微企业、科技创新型企业综合融资成本。

◯● **中国人民银行延续实施碳减排支持工具，支持经济向绿色低碳转型**

2023 年 1 月，中国人民银行延续实施碳减排支持工具等 3 项结构性货币政策工具，推动银行贷款支持绿色低碳减排。

一是将碳减排支持工具延续实施至 2024 年年末，将部分地方法人金融机构和外资金融机构纳入碳减排支持工具的金融机构范围，进一步扩大政策惠及面，深化绿色金融国际合作。二是将支持煤炭清洁高效利用专项再贷款延续实施至 2023 年年末。三是将交通物流专项再贷款延续实施至 2023 年 6 月末，将中小微物流仓储企业等纳入支持范围，进一步增强金融支持交通物流保通保畅的力度，助力交通物流业高质量发展。

中国人民银行通过"先贷后借"的直达机制，对金融机构向碳减排重点领域内相关企业发放符合条件的碳减排贷款，按贷款本金的 60% 提供资金支持，利率为 1.75%。截至 2023 年 6 月底，碳减排支持工具和支持煤炭清洁高效利用专项再贷款两个工具余额分别为 4530 亿元和 2459 亿元，分别比上年年末增加 1433 亿元和 1648 亿元。其中，碳减排支持工具支持金融机构发放碳减排贷款超过 7500 亿元，带动年度碳减排量超过 1.5 亿吨二氧化碳当量。

地方政府出台措施鼓励银行发放科技贷款

地方政府日益重视科技金融对实施创新驱动发展战略的重要性，采取多项措施推动银行发放科技贷款。

广东

2023 年 2 月，《广东省人民政府办公厅关于印发 2023 年广东金融支持经济高质量发展行动方案的通知》（粤办函〔2023〕35 号）中提出，实施"金融＋科创"工程促进金融、科技、产业高质量循环。大力推进知识产权质押、"贷款＋外部直投"等金融工具和产品创新，扩大股权、债券等多渠道融资，集中资源支持芯片、新能源、生物医药等重点领域创新发展。

上海

2022 年 12 月，《上海银保监局第八部门关于印发〈上海银行业保险业"十四五"期间推动绿色金融发展　服务碳达峰碳中和战略的行动方案〉的通知》（沪银保监发〔2022〕83 号）中，鼓励打造不同层级、专业从事绿色金融业务的银行机构；支持银行机构在上海设立绿色金融事业部（业务中心）或绿色金融特色分支机构，实行专业团队、专用审批、专项信贷规模、专项考核等专营机制。鼓励银行机构加大对重点行业金融支持，支持风电光伏、储能与调峰等新基建发展，加大对新能源项目支持；支持循环产业、循环农业发展；支持创建绿色工厂和工业园区循环化绿色改造；推进绿色交通运输和基础设施建设，支持交通工具低碳智能转型；推动新材料、航空航天、海洋装备等战略性新兴产业与绿色低碳产业深度融合。

江西	2022 年 12 月，《江西省人民政府办公厅印发关于发展科技金融支持创新创业若干措施的通知》（赣府厅字〔2022〕118 号）中，要求增强科技信贷服务能力建设。包括：建立健全科技信贷服务体系；用好用足货币政策工具；强化货币信贷政策引导；创新科技信贷业务模式与合作机制；增强开发性、政策性金融服务科技创新力度；大力提升"科贷通"运行质效；发挥创业担保贷款支持创新创业作用。
四川	2023 年 1 月，《四川省人民政府办公厅关于印发四川省贯彻〈成渝共建西部金融中心规划〉实施方案的通知》（川办发〔2023〕2 号）中，鼓励银行设立绿色金融专营机构，建立符合绿色企业和项目特点的信贷管理制度，向绿色领域倾斜更多信贷资源。大力支持绿色直接融资，鼓励金融机构和企业发行各类绿色债券和资产证券化产品。推动西部（成都）科学城、中国（绵阳）科技城开展科创金融先行先试，支持成都市、绵阳市联合申建国家级科创金融改革试验区。鼓励银行机构设立科技金融专营机构或科技支行。探索投、贷、债联动多元化试点，推进投贷联动、孵投联动、投债联动、投保联动等试点，创新"债权 + 股权""银行 + 创业投资"等融资服务，推广"天府科创贷""股债通"融资模式。

银行与政府部门合作开发多种科技信贷产品

上海

上海市科技信贷融资服务持续优化。科技型企业贷款存量户数和贷款余额持续增长，政策性融资担保支持力度不断加大，截至 2023 年 6 月底，上海辖内科技型企业贷款余额 8824 亿元，存量户数为 2.6 万户，较年初增幅均超过 28%。研发贷、人才贷等市场化科技信贷产品不断推出，高企贷、科创助力贷、小巨人信用贷等政府支持的科技专属产品持续完善，在临港新片区试点推出科技企业员工持股计划和股权激励贷款。

江苏

江苏省整合现有政银合作产品资金池设立风险补偿基金，规模达 4 亿元；通过与省内银行合作，撬动银行资金 80 亿元，引导金融加大对实体经济支持力度。风险补偿基金通过政银合作等方式，由财政部门设立贷款风险补偿资金池作为增信措施，引导银行等机构开发低门槛、低成本、高效率的专项产品，为符合条件的科技、农业、制造业、环保等领域的中小微企业提供融资服务。基金子产品支持的贷款执行优惠贷款利率，不另外收取保证金、中间业务费等其他费用，对融资方原则上采用无抵押、无担保的纯信用方式。对基金子产品贷款逾期并符合补偿条件的，风险补偿基金可对该贷款部分本金提供补偿，补偿比例原则上不高于未偿还本金的 80%。其中进一步改善环保型企业的融资环境，鼓励更多金融资源进入生态环保领域，省财政厅会同省生态环境厅将"环保贷"列入风险补偿范围。"环保贷"项目包括：污染防治、生态保护修复、节能环保服务、碳减排、资源循环利用、节能节水、其他生态环保类项目。目前进入环保贷的银行有江苏银行、民生银行南京分行、兴业银行南京分行等多家银行。

中国人民银行

2022 年 5 月，中国人民银行南京分行、江苏省科技厅印发《"苏创融"政银金融产品工作实施方案》，推出与再贷款再贴现挂钩、服务科技型中小企业的"苏创融"产品。《设立"宁创融"政银金融产品支持科技创新工作方案》落地，首期设立 50 亿元专项再贷款再贴现额度。2023 年 1—5 月，中国人民银行南京分行营业管理部共发放"苏创融"再贷款超 90 亿元，支持科技企业超 3000 户；发放"宁创融"再贷款超 40 亿元，支持科技企业超 1300 户。

中国邮政储蓄银行

中国邮政储蓄银行发挥资金优势和网点优势，围绕"污染防治""节能环保""生态农业"等重点领域，推出光伏发电设备小额贷款、小水电贷款、排污贷、垃圾收费权质押贷款、合同能源管理项目未来收益权质押贷款、极速贷、小微易贷等绿色金融产品，创新"竹林碳汇贷""生态公益林补偿收益权质押贷款""两山贷"等产品，推动绿色金融与普惠金融融合发展。中国邮政储蓄银行青海省分行积极推进清洁能源产业快速发展，致力于解决产业园区企业融资难、融资贵等难题，为园区企业共和正泰光伏发电有限公司成功发放 0.1916 亿元内部银团贷款、为海南州春洁新能源有限公司成功发放 3.5 亿元固定资产置换贷款、为大唐德令哈新能源有限公司发放 0.48 亿元固定资产置换贷款。截至 2023 年 6 月末，该行绿色信贷余额超 14 亿元，较年初增加 2.02 亿元，增长 16.63%。

中国建设银行

中国建设银行多措并举推动发展方式绿色转型。近 2 年来，绿色贷款和绿色债券业务总规模近 2.8 万亿元。在顶层设计方面，中国建设银行将 ESG 理念融入政策框架、业务发展、经营管理各环节，完善环境与气候风险信贷全流程管控；制定绿色金融专项考核评价体系，从绿色金融业务、环境和气候风险管理、社会责任表现 3 个方面多维评价境内机构，划定星级，激发基层活力。在绿色金融创新方面，中国建设银行注重发挥标杆效应，在浙江湖州、广东花都、浙江嘉善等国家级绿色金融改革政策高地设立绿色金融试点行，给予差别化的支持政策和资源保障，鼓励各地分行因地制宜探索差异化的绿色金融管理模式及服务方式，不断提升对区域绿色发展的贡献；积极整合拓展绿色债券、绿色基金、绿色租赁、绿色保险业务，不断丰富绿色金融内涵，全方位服务客户绿色金融服务需求。中国建设银行苏州分行还积极推动碳排放权质押贷款。碳排放权质押贷款为企业盘活碳资产、推进节能减排开辟了一条低成本、市场化道路，将助推企业加速向"含金量高、含绿量高、含碳量低"转型。中国建设银行苏州昆山分行完成了一单碳排放权质押贷款，为该企业发放流动资金贷款 1900 万元，采用第三方保证方式，且追加 8000 吨碳排放权质押，在绿色金融服务领域开展了创新尝试。

展望

　　银行作为国内最大的融资渠道，如何支持具有种子期和初创期的企业是世界难题。对国家支持研发的重大科技成果，以及科技含量高但缺乏稳定的现金流、没有固定资产抵押的科技型中小企业，如何获取银行贷款支持，是中央、地方政府，以及银行需要共同解决的问题。

Chapter 4　第四章　科技保险

近年来，我国保险业全面推进实施保险服务国家科技创新战略，积极利用保险的风险管理职能和专业机制，化解科技企业在研发、生产、应用等环节产生的风险，在助力科技成果落地、加强科技企业投资等方面取得了显著成效。

科技保险最新进展

科技保险产品的创新成果不断涌现

从创新链视角看，目前我国科技保险产品的创新成果不断涌现，保障范围已基本覆盖科技创新主要环节。例如，在研发阶段，有产品研发责任保险、关键研发设备保险等；在成果转化阶段，有成果转化费用损失保险、高新科技企业雇主责任保险等；在产品推广应用阶段，有首台（套）重大技术装备综合保险、重点新材料首批次应用综合保险、软件首版次质量安全责任保险等。据不完全统计，目前我国科技保险险种超过 20 个，覆盖科技企业产品研发、知识产权保护、贷款保证等多个方面，助力提高科技企业的风险保障水平。2022 年，中国人民财产保险（简称"人保财险"）成立知识产权保险创新实验室，完善知识产权保险产品体系，研发集成电路布图设计被侵权损失保险、植物新品种权被侵权损失保险等 4 款知识产权保险新产品，为超过 2.8 万家企业的近 4.6 万件专利、商标、地理标志及集成电路布图设计等提供风险保障逾 1100 亿元。研发了覆盖科技项目研发、知识产权创造、知识产权保护、知识产权运用及科技成果转化等科技创新活动全过程风险的"科创保"组合产品，有力地推动科技创新和知识产权保护运用（专栏 4-1）。通过提供定制化保障和融资支持服务，提供覆盖研发、生产、销售等各环节的全方位保险保障服务，推出"科技贷"项目，由政府提供财政资金用于保费补贴和风险补偿，银行提供优惠低息贷款，人保财险提供贷款保证保险为科技型企业申请贷款增信，打造政府、银行、保险公司三方参与风险分担的创新型业务模式（图 4-1）。2022 年，"科技贷"帮助 2764 家科技型企业获得融资 66 亿元。

专栏 4-1　人保财险"科创保"产品

　　江苏微导纳米科技股份有限公司负责人和人保财险无锡分公司、江苏宣平律师事务所、江苏阳光惠远知识产权运营有限公司、无锡市知识产权金融公共服务平台四方共同签下"科创保 A"保险，这是全国首单知识产权全生命周期综合保险，保险服务覆盖全部知识产权使用场景。

　　无锡人保财险知识产权项目负责人陈于思介绍，"科创保 A"保险将知识产权授权、侵权与被侵权、成果转化、交易、质押融资等所有企业知识产权和商业秘密涉及的场景全覆盖，采用菜单式目录，企业可以根据自身实际需求，对保障内容、保障项目、赔偿额度等进行任意组合。同时，服务方不仅是保险公司，一同签约的律师事务所也将发挥业务所长，弥补保险公司在知识产权综合服务方面的不足，无锡市知识产权金融公共服务平台则通过数据和信息分析等多种手段支持知识产权价值评估和融资保证。

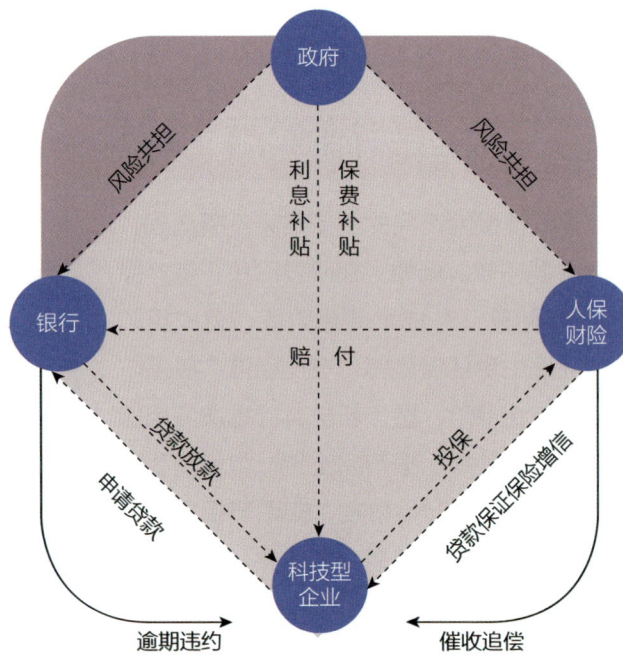

图 4-1　人保财险"科技贷"项目模式

注重发挥科技保险的作用

从地方实践看，在构建支持科技创新金融服务体系时，更加注重发挥科技保险的作用。特别是发达地区积极创新探索，为科技企业的发展提供风险保障和资金支持。2022 年 6 月，北京市出台《关于对科技创新企业给予全链条金融支持的若干措施》（京金融〔2022〕190 号），提出要完善科技保险产品体系。2023 年 1 月，上海银保监局等八部门印发《上海银行业保险业支持上海科创中心建设的行动方案（2022-2025 年）》，鼓励在沪保险公司设立科技保险特色机构、专营部门或专业团队等，加强科技创新的保险保障支持力度。2023 年 5 月，《深圳市关于金融支持科技创新的实施意见（征求意见稿）》出炉，为深圳市金融服务科技体系按下"升级键"，提到要强化科技保险的作用，引导和鼓励保险公司研发和推广科技保险产品，为科技创新提供保障支持（表 4-1）。

表 4-1 北京、上海、深圳近年来科技保险工作进展

城市	时间	名称	主要内容
北京	2022 年 6 月	《关于对科技创新企业给予全链条金融支持的若干措施》	完善科技保险产品体系。鼓励保险机构丰富适应科创企业研发、生产、销售等各环节的保险产品和服务，加大科研物资设备和科研成果质量的保障力度。支持保险补贴机制在首台（套）市场推广中的应用。鼓励保险机构在风险可控前提下，积极发展科技保险业务，为科创企业提供贷款保证保险，开发推广知识产权质押融资保险、专利执行和专利被侵权损失保险等新型保险产品
上海	2023 年 1 月	《上海银行业保险业支持上海科创中心建设的行动方案（2022—2025 年）》	加强科技创新的保险保障支持力度。升级科技保险产品体系，依托临港新片区科技保险创新引领区，针对科创企业在技术研发、生产运营、市场推广及成果转化等环节的重点风险，打造一批行业领先的科技保险产品。持续推进集成电路共保体机制建设，支持对集成电路等国家战略产业设计并提供专属化、定制化保险产品和服务。培育知识产权保险体系，推动常态化实施知识产权执行保险、侵权责任保险、海外维权保险、交易保险和专利代理人职业责任保险等专利保险新险种，探索开发集成电路布图设计、著作权等知识产权创新险种，构建大知识产权保险产品体系，分散科技型企业创新风险，降低企业专利维权成本。 加大科技保险资金运用的广度和深度。鼓励保险机构按照市场化原则，依法合规投资科创类投资基金。鼓励保险机构在风险可控的前提下，开展与知识产权质押融资相关的保证保险业务。探索保险资金通过债权投资计划或股权投资计划等方式参与重大科技型企业或项目投融资。发挥保险资金长期投资优势，为科技基础设施建设、产业链整合和科技型企业改革重组等提供保险资金支持。积极推进科技保险资产管理产品支持科技发展和创新，提高科技保险资管产品投资科技领域专业化水平

续表

城市	时间	名称	主要内容
深圳	2023 年 5 月	《深圳市关于金融支持科技创新的实施意见（征求意见稿）》	发挥科技保险保障作用。充分发挥保险资金优势，加大对科技创新的资金支持。支持保险公司推广研发费用损失险等科技保险、发展专利保险等新型保险产品，鼓励保险机构推出、推广首台（套）重大技术装备综合保险、重点新材料首批次应用综合保险、软件首版次质量安全责任保险。鼓励符合条件的保险公司发展高新技术企业出口信用保险，持续优化线上投保关税保证保险。鼓励有条件的区开展科技保险风险补偿试点。研究将科技项目研发费用损失保险、专利保险、知识产权海外侵权保险、数据知识产权被侵权损失保险等纳入市级专项资金的支持范围。实施小额贷款保证保险补贴，对于通过小额贷款保证保险新发放的贷款，对银行机构按照实际发放贷款金额给予 0.5% 业务奖励，对保险公司按照实际承保贷款金额给予 1% 业务奖励

科技保险业务发展与创新企业需求之间存在较大缺口

随着科技企业需求的多样化，科技保险种类逐步丰富，但我国总体科技保险覆盖率较低，且发展速度滞后于科技产业的发展需求，主要体现在以下几个方面。

科技保险服务供给主体较少

01 专营机构数量较少。目前我国已成立科技保险子公司超过 20 家，然而法人层面的专业科技保险公司仅太平科技保险股份有限公司 1 家。

02 科技保险业务规模较小。2017—2020 年，科技保险为相关企业和机构提供风险保障超 1.79 万亿元，仅占全国财险总保障额度的 0.8‰，保障覆盖率较低。这不利于科技保险发展战略的实施和承保模式的优化与改进，也难以有效协调与科技部门或其他专业机构的合作。

◖● 产品尚不能充分满足科技企业需求

01 适应科技创新规律的全周期产品体系尚未完全建立。目前，我国科技保险产品约180款，保险产品仍集中于财产、责任保障或费用补偿等传统领域，虽然也会制定保险产品开发规划，但是受制于科技保险统计数据不足、知识产权评估和处置难及"高新尖"技术风险难控等问题，保险公司更倾向于服务成熟期的企业，难以触及服务科技发展的本质，还未能真正搭建起涵盖科技企业研发、生产、创业保障、人才保障等领域的保险产品体系。

02 科技保险产品缺乏科技含量。当前保险市场上的部分科技保险产品是对传统保险产品的简单改造或包装，险种设置的针对性不强，与科技行业特有风险属性的匹配度不高，导致科技企业购买意愿不足。

◖● 业务模式难以有效解决风险评估和定价

01 科技保险产品费率厘定准确性不足。由于科技保险业务开展时间不长，缺少足够的市场样本，加之科技领域极具复杂性，缺乏有效的风险评估模型，导致科技风险评估的准确性、科学性不足，厘定科技保险费率的难度较大。

02 对科技业务的特殊性考虑不足，对科技保险业务的风控管理按照传统业务风险来制定承保等指引，在全面风险管理流程上不够完善，也未将科技手段应用于承保理赔等环节。

● 缺乏科技保险领域专业人才

科技保险的发展需要熟悉保险公司经营管理和对应科技行业有所了解的复合型知识背景的人才，此类专业人才缺乏是制约科技保险快速发展的一大原因。特别是关键专业人才的储备、培养不足，销售人员、精算财务人员、核保核赔人员及其他管理人员的复合程度不高，严重制约科技保险业务的高质量发展。

● 推广宣传力度较弱

从各地实践看，当前政府部门、企业及社会各界对科技保险作用功能的认识仍比较有限，对科技保险的产品和服务供给了解不多，也缺乏明确和成规模的需求。保险公司仍采用传统渠道和传统方式营销，没有建立科技保险专属渠道，往往过分依赖中介机构。科技企业对科技保险产品知之甚少，加之科创风险高导致产品保费高，企业投保科技保险意愿普遍不高。

促进科技保险发展的对策建议

推进科技保险工作，需要各方力量的通力配合，加强政策协同，实现政府组织、政策支持、商业运营、持续发展的常态化运营机制，不断为高新技术企业发展和科技创新活动提供金融保险支持，不断助力国家科技创新战略的深入开展。

● 持续引导保险公司开展科技保险业务

01 持续加大科技保险的扶持力度，鼓励保险机构、保险分支机构制定支持科技创新的规划，将科技创新金融服务纳入保险公司发展战略。

02 推动保险公司加快布局科技保险专营机构或专营分支机构，为企业提供特色服务，实现服务前移、专营优做。

继续完善科技保险产品设计

01 逐步开发涉及费用、责任、人员、知识产权等保险产品，为科技企业提供比较完整的、符合科技企业特性的全生命周期保险产品，持续打造重点和补充性科技保险产品。

02 开发标准化的中小微科技企业服务方案，解决中小微科技企业在经营发展过程中普遍面临的知识产权保护、产品责任等方面的共性问题，扶持中小微科技企业成长。

03 围绕信息技术、生物医药、智能制造等领域，为重点科技企业提供定制化承保方案，解决重点科技企业发展的个性化、立体式保险需求。

推动"保险 + 科技"协同发展

01 强化科技赋能，将科技应用于承保、理赔各个阶段，提高风控能力；开发销售人员移动支持工具，为销售人员展业赋能；推进数据报表平台升级优化，为精准管理提供决策支持。

02 优化科技保险运营管理体系，制定契合科技保险特性的管控制度及操作细则，科学指导业务分类管理。

● 培养高质量科技保险专业人才

01 对照科技保险发展所需，选择并培养具备科技行业背景、金融专业知识、科技企业风险管理等综合性知识结构的管理人员；加强营销推动、核保核赔、精算等专业型人才队伍的建设。

02 强化科技领域行业研究，逐步提高对科技企业风险的认知，建立诸如智能制造、数字硬核、生物医药、新材料、新能源等专属保险团队。

03 以应对市场化机制和突出业绩导向为基础，全面考虑科技保险和不同科技行业特征进行灵活设计，加大考核的弹性系数和激励属性。

● 继续加强科技保险宣传工作

鼓励保险公司联合各级保险监管机构将公众教育纳入常规工作之中，会同当地科技主管部门和行业协会，督促各地政府部门和金融保险机构高度重视科技金融及保险的消费者教育工作，建立公众教育常态化机制，开展形式多样的公众教育活动。尤其在科技发达地区及科技企业聚集的科技园区，携手开展宣传普及工作，有效提升科技保险的社会声誉，努力以科技保险一地的发展带动区域的发展、以区域的发展实现科技保险全国的大发展。

专题篇

Chapter 5

第五章 我国加大对企业科技创新的税收支持力度

2022 年，我国面临需求收缩、供给冲击、预期转弱三重压力，党中央、国务院部署实施新的组合式税费支持政策，对稳定市场预期、提振市场信心、助力企业纾困发展具有重要意义。根据国家税务总局统计，2022 年我国新增减税降费及退税缓税缓费超过 4.2 万亿元；其中，累计退到纳税人账户的增值税留抵退税款 2.46 万亿元，新增减税超 8000 亿元。

创业投资税收优惠放宽适用条件延期

《关于创业投资企业和天使投资个人有关税收政策的通知》（财税〔2018〕55 号）对初创科技型企业的条件部分放宽（表 5-1），有效期至 2021 年。根据《财政部 税务总局关于延续执行创业投资企业和天使投资个人投资初创科技型企业有关政策条件的公告》（财政部 税务总局公告 2022 年第 6 号），初创科技型企业需符合的放宽条件由 2022 年延续至 2023 年。

表 5-1 初创科技型企业适用条件

原政策	放宽政策
从业人数不超过 200 人	从业人数不超过 300 人
资产总额和年销售收入均不超过 3000 万元	资产总额和年销售收入均不超过 5000 万元

科技企业税前扣除力度加大

创业投资所投资企业主要是科技企业，科技企业的税收支持政策对投资收益有间接影响。2022 年，我国科技企业研发投入和设备购买投入的税前扣除力度有所加大。

科技型中小企业研发费用加计扣除比例提高至 100%

2021 年，我国制造业企业研发费用加计扣除比例由 75% 提高至 100%。2022 年，为鼓励科技型中小企业加大研发投入，《财政部　税务总局　科技部关于进一步提高科技型中小企业研发费用税前加计扣除比例的公告》（财政部　税务总局　科技部公告 2022 年第 16 号）明确自 2022 年 1 月 1 日起，科技型中小企业开展研发活动中实际发生的研发费用，未形成无形资产计入当期损益的，在按规定据实扣除的基础上，再按照实际发生额的 100% 在税前加计扣除；形成无形资产的，按照无形资产成本的 200% 在税前摊销。

企业符合条件的基础研究投入税前 100% 加计扣除

根据《财政部　税务总局关于企业投入基础研究税收优惠政策的公告》（财政部　税务总局公告 2022 年第 32 号），企业出资给非营利性科学技术研究开发机构（简称"科研机构"）、高等学校和政府性自然科学基金用于基础研究的支出，在计算应纳税所得额时可按实际发生额在税前扣除，并可按 100% 在税前加计扣除，条件如表 5-2 所示。

表 5-2　企业投入基础研究税收优惠政策主要条件

企业出资对象		企业出资用途	
对象范围	主要条件	基础研究	判断依据
国家设立的科研机构和高等学校	利用财政性资金设立的、取得《事业单位法人证书》的科研机构和公办高等学校，包括中央和地方所属科研机构和高等学校		基础研究不预设某一特定的应用或使用目的，主要是为获得关于现象和可观察事实的基本原理的新知识，可针对已知或具有前沿性的科学问题，或者针对人们普遍感兴趣的某些广泛领域，以未来广泛应用为目标

续表

企业出资对象		企业出资用途	
对象范围	主要条件	基础研究	判断依据
民办非营利性科研机构和高等学校	根据《民办非企业单位登记管理暂行条例》在民政部门登记，并取得《民办非企业单位（法人）登记证书》	基础研究是指通过对事物的特性、结构和相互关系进行分析，从而阐述和检验各种假设、原理和定律的活动	基础研究可细分为两种类型：①自由探索性基础研究，即为了增进知识，不追求经济或社会效益，也不积极谋求将其应用于实际问题或把成果转移到负责应用的部门；②目标导向（定向）基础研究，旨在获取某方面知识、期望为探索解决当前已知或未来可能发现的问题奠定基础
	①对于民办非营利性科研机构，其《民办非企业单位（法人）登记证书》记载的业务范围应属于科学研究与技术开发、成果转让、科技咨询与服务、科技成果评估范围。对业务范围存在争议的，由税务机关转请县级（含）以上科技行政主管部门确认。②对于民办非营利性高等学校，应取得教育主管部门颁发的《民办学校办学许可证》，记载学校类型为"高等学校"		基础研究成果通常表现为新原理、新理论、新规律或新知识，并以论文、著作、研究报告等形式为主。同时，由于基础研究具有较强的探索性、存在失败的风险，论文、著作、研究报告等也可以体现为试错或证伪等成果
	经认定取得企业所得税非营利组织免税资格		
政府性自然科学基金	国家和地方政府设立的自然科学基金委员会管理的自然科学基金		不包括在境外开展的研究，也不包括社会科学、艺术或人文学方面的研究

高新技术企业新购置设备器具税前 100% 加计扣除

为支持高新技术企业创新发展，促进企业设备更新和技术升级，我国出台阶段性税收支持政策。根据《财政部　税务总局　科技部关于加大支持科技创新税前扣除力度的公告》（财政部　税务总局　科技部公告 2022 年第 28 号），高新技术企业在 2022 年 10 月 1 日至 2022 年 12 月 31 日期间新购置的设备、器具，允许当年一次性全额在计算应纳税所得额时扣除，并允许在税前实行 100% 加计扣除。

企业可以预缴申报享受研发费用加计扣除

为深入贯彻党中央、国务院关于实施新的组合式税费支持政策的重大决策部署，更好地服务市场主体，激发企业创新活力，国家税务总局出台政策，允许企业10月预缴申报第3季度（按季预缴）或9月（按月预缴）企业所得税时，可以自主选择就当年前三季度研发费用享受加计扣除优惠政策。

初创企业阶段性税收支持力度加大

创业投资所投资企业很多是初创企业，初创企业的税收支持政策对投资收益有间接影响。2022年，由于《财政部 税务总局关于实施小微企业普惠性税收减免政策的通知》（财税〔2019〕13号）到期，我国延续或者出台了新的小微企业减免税支持政策，帮助初创企业稳定经营。

中小微企业当年新购置设备器具税前扣除力度加大

根据《财政部 税务总局关于中小微企业设备器具所得税税前扣除有关政策的公告》（财政部 税务总局公告2022年第12号），中小微企业在2022年1月1日至2022年12月31日新购置的设备、器具单位价值在500万元以上的，按照单位价值的一定比例自愿选择在企业所得税税前扣除。其中，企业所得税法实施条例规定最低折旧年限为3年的设备器具，单位价值的100%可在当年一次性税前扣除；最低折旧年限为4年、5年、10年的，单位价值的50%可在当年一次性税前扣除，其余50%按规定在剩余年度计算折旧进行税前扣除。

增值税小规模纳税人当年免征增值税

根据《财政部 税务总局关于对增值税小规模纳税人免征增值税的公告》（财政部 税务总局公告2022年第15号），自2022年4月1日至2022年12月31日，增值税小规模纳税人适用3%征收率的应税销售收入，免征增值税；适用3%预征率的预缴增值税项目，暂停预缴增值税。

小型微利企业减免税优惠政策延续至2024年

阶段性延续原有企业所得税优惠

根据《财政部 税务总局关于进一步实施小微企业所得税优惠政策的公告》（财政部 税务总局公告2022年第13号），从2022年1月1日至2024年12月31日，小型微利企业年应纳税所得额超过100万元但不超过300万元的部分，减按25%计入应纳税所得额，按20%的税率缴纳企业所得税。

阶段性延续原有"六税两费"减免政策

根据《财政部　税务总局关于进一步实施小微企业"六税两费"减免政策的公告》（财政部　税务总局公告 2022 年第 10 号），在 2022 年 1 月 1 日至 2024 年 12 月 31 日，省、自治区、直辖市人民政府可以根据本地区实际情况，以及宏观调控需要，对增值税小规模纳税人、小型微利企业和个体工商户在 50% 的税额幅度内减征资源税、城市维护建设税、房产税、城镇土地使用税、印花税（不含证券交易印花税）、耕地占用税和教育费附加、地方教育附加。

小型微利企业和制造业等行业企业的增值税留抵退税力度加大

2022 年，我国继续加大增值税留抵退税力度，先后发布《财政部　税务总局进一步加大增值税期末留抵退税政策实施力度的公告》（财政部　税务总局公告 2022 年第 14 号）、《财政部　税务总局关于进一步加快增值税期末留抵退税政策实施进度的公告》（财政部　税务总局公告 2022 年第 17 号）、《财政部　税务总局关于进一步持续加快增值税期末留抵退税政策实施进度的公告》（财政部　税务总局公告 2022 年第 19 号）等文件。符合条件的小型微利科技企业和制造业等行业科技企业从增值税留抵退税政策中受益（表 5-3、表 5-4）。

表 5-3　小型微利企业增值税留抵退税政策概况

企业类型	政策内容	主要条件
符合条件的小微企业	4 月开始申请退还增量留抵税额	①纳税信用等级为 A 级或者 B 级； ②申请退税前 36 个月未发生骗取留抵退税、骗取出口退税或虚开增值税专用发票情形； ③申请退税前 36 个月未因偷税被税务机关处罚两次及以上； ④2019 年 4 月 1 日起未享受即征即退、先征后返（退）政策
符合条件的微型企业	4 月开始申请一次性退还存量留抵税额	
符合条件的小型企业	5 月开始申请一次性退还存量留抵税额	

表 5-4 制造业等行业企业增值税留抵退税政策概况

企业类型	政策内容	主要条件
符合条件的制造业等行业企业（包括制造业、科学研究和技术服务业、电力、热力、燃气及水生产和供应业、软件和信息技术服务业、生态保护和环境治理业和交通运输、仓储和邮政业）	4 月开始申请退还增量留抵税额	①中型企业、小型企业和微型企业，按照《中小企业划型标准规定》（工信部联企业〔2011〕300 号）和《金融业企业划型标准规定》（银发〔2015〕309 号）中的营业收入指标、资产总额指标确定。 ②对于工信部联企业〔2011〕300 号和银发〔2015〕309 号文件所列行业以外的纳税人，以及工信部联企业〔2011〕300 号文件所列行业但未采用营业收入指标或资产总额指标划型确定的纳税人，微型企业标准为增值税销售额（年）100 万元以下（不含 100 万元）；小型企业标准为增值税销售额（年）2000 万元以下（不含 2000 万元）；中型企业标准为增值税销售额（年）1 亿元以下（不含 1 亿元）。 ③大型企业，是指除上述中型企业、小型企业和微型企业外的其他企业
符合条件的制造业等行业中型企业（行业范围同上）	5 月开始申请一次性退还存量留抵税额	
符合条件的制造业等行业大型企业（行业范围同上）	6 月开始申请一次性退还存量留抵税额	

Chapter 6 第六章　科技创新债券融资

债券市场主要通过产品创新支持科技创新企业。近年来，我国债券市场加大产品创新，对创新创业的融资支持力度有所增强，成为创新债券融资额增长的主要动力（图6-1）。

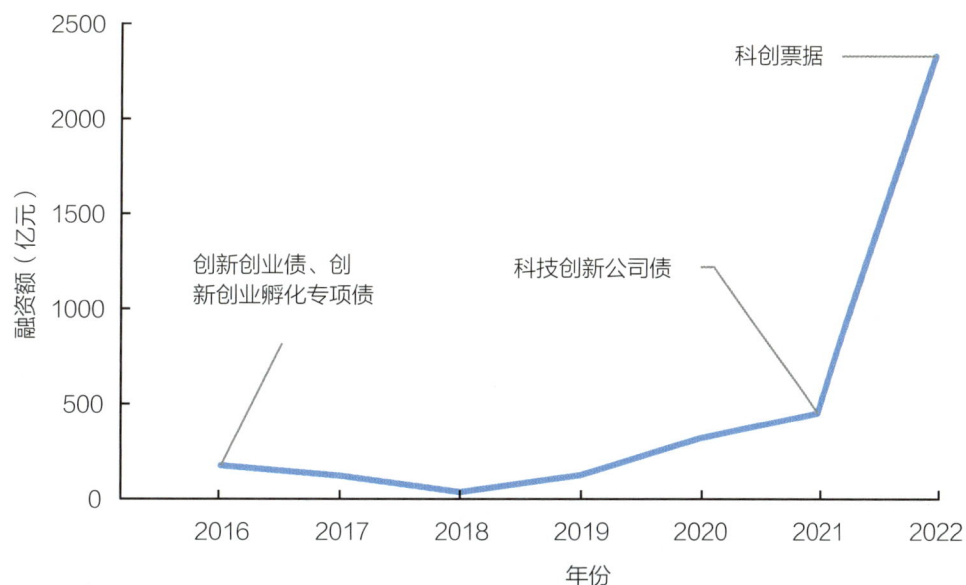

图 6-1　主要科技创新债券融资情况（2016—2022 年）

（资料来源：Choice 客户端）

创新债券产品，拓宽融资渠道

一是为创新企业开发债券融资工具。自 2015 年起，各监管部门陆续出台了支持科技创新的有关政策，债券市场也开发了专门用于支持科技创新的债券产品。截至 2022 年年底已有双创孵化专项债券、创新创业公司债券、科技创新公司债券等专门用于支持科技创新的债券产品推出（表 6-1）。其中，科技创新公司债券是 2022 年新推出的债券品种，除交易所制定具体操作指引外，中国证监会、国务院国资委联合发布《关于支持中央企业发行科技创新公司债券的通知》（证监发〔2022〕80 号），旨在进一步健全资本市场服务科技创新的支持机制，发挥中央企业科技创新的引领示范作用，促进科技、资本和产业高水平循环，引导各类金融资源加快向科技创新领域聚集，更好服务国家创新驱动发展战略。

科技创新
公司债

表 6-1 主要科技创新债券

品种		内容	时间	备注
双创孵化专项债券	对象	提供双创孵化服务的产业类企业或园区经营公司	2015 年 11 月	《国家发展改革委办公厅关于印发双创孵化专项债券发行指引的通知》（发改办财金〔2015〕2894 号）
	用途	涉及双创孵化服务的新建基础设施、扩容改造、系统提升、建立分园、收购现有设施并改造等		
	优惠	①加快和简化审核程序，不受发债指标限制；②允许发债企业使用不超过 50% 的募集资金用于偿还银行贷款和补充营运资金		
创新创业公司债券	对象	创新创业公司，是指从事高新技术产品研发、生产和服务，或者具有创新业态、创新商业模式的中小型公司；重点支持注册或主要经营地在国家双创示范基地、全面创新改革试验区域等创新创业资源集聚区域内的公司，以及已纳入全国中小企业股份转让系统创新层的挂牌公司；创业投资公司，是指符合《私募投资基金监督管理暂行办法》《创业投资企业管理暂行办法》等有关规定，向创新创业企业进行股权投资的公司制创业投资基金和创业投资基金管理机构	2017 年 7 月	《中国证监会关于开展创新创业公司债券试点的指导意见》（中国证券监督管理委员会公告〔2017〕10 号）

续表

品种		内容	时间	备注
创新创业公司债券	用途	可用于偿还有息负债、补充流动资金等；专项投资于种子期、初创期、成长期的创新创业公司的股权	2017年7月	《中国证监会关于开展创新创业公司债券试点的指导意见》（中国证券监督管理委员会公告〔2017〕10号）
	优惠	实行"专人对接、专项审核"，适用"即报即审"政策；支持设置转股条款；探索创新创业公司债增信机制创新；探索市场化手段有效防范和分散创新创业公司债信用风险；纳入证券公司社会责任评价		
创新创业金融债券	对象	商业银行	2019年8月	《中国人民银行办公厅　中国银行保险监督管理委员会办公厅关于支持商业银行发行创新创业金融债券的意见》（银办发〔2019〕161号）
	用途	增加双创领域信贷投放		
	优惠	—		
科技创新公司债券	对象	民营企业、中央企业	2022年	《上海证券交易所公司债券发行上市审核规则适用指引第4号——科技创新公司债券》《深圳证券交易所公司债券创新品种业务指引第6号——科技创新公司债券》《中国证监会　国务院国资委关于支持中央企业发行科技创新公司债券的通知》（证监发〔2022〕80号）
	用途	企业科技创新、传统企业转型升级、科创投资、孵化		
	优惠	募集资金使用灵活，可置换12个月内投资		

资料来源：笔者整理。

　　除了债券产品，我国还有多种债务融资工具，也是科创企业重要的融资工具。中国银行间市场交易商协会在融资券、票据、债务融资工具基础上开发了一些专项工具，其中部分面向科技创新，如创业投资债务融资工具、科创票据等。创业投资债务融资工具是创业投资企业在银行间市场发行的债务融资工具，募集资金可用于补充企业营运资金、偿还银行借款、补充创业投资基金资本金，也可以用于股权投资，但仅限于对非上市公司的股权投资，不可用于上市公司二级市场股票投资（包括定向增发等）。

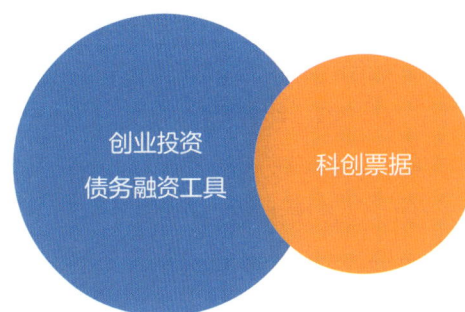

创业投资
债务融资工具

科创票据

2022 年，中国银行间市场交易商协会印发《关于升级推出科创票据相关事宜的通知》，"将科创类融资产品工具箱升级为科创票据，提升资本市场对科技创新领域全生命周期的融资服务功能，加强对科创企业或科创用途的服务与支持"。自 2022 年 5 月以来，科创票据发行快速增长，全年累计发行 200 支（含优先和次级），总计为 98 家企业提供 1581.74 亿元融资（表 6-2）。

表 6-2　银行间交易市场科创票据发行情况

	发行金额（亿元）	发行数量（支）
5 月	13	2
6 月	254	31
7 月	338.7	35
8 月	259.6	36
9 月	202.5	25
10 月	302.45	35
11 月	130.79	20
12 月	80.70	16
合计	1581.74	200

资料来源：Choice 客户端。

二是为科创企业提供融资支持而发行的金融债券。此类债券主要是面向金融机构发行，特别是商业银行，如创新创业金融债；此外，创新创业公司债券也面向创业投资机构发行，所得融资专门用于对种子期、初创期、成长期的创新创业公司进行股权投资；一些政策性银行也发行金融债专门支持科技创新，如国家开发银行发行的"重大科技成果产业化专题债"，重点支持重大科技成果产业化示范工程、"百城百园"行动、国家重大能力平台建设和创新联合体建设等。2022 年 4 月，国家开发银行与科技部共同推动银行间市场首个科技金融债落地，募集 100 亿元资金支持重大科技成果转化和产业化。

科技创新企业债券融资面临的突出问题

科创债券融资规模总体偏小

虽然创新创业公司债券和双创孵化专项债券从已经成为科技创新企业重要的融资新渠道，但是总体融资金额并不高，特别是双创孵化专项债券，由于主要融资目的为孵化器建设，因此，通常融资金额均不高，已发行的近 60 支债券中，一半以上发行额不足 10 亿元，发行额 10 亿元及以上的各占 20.1%。同样地，创新创业公司债券发行金额也不高，除中国建设银行、江苏银行和郑州银行用于发放科技创新贷款的债券外，其他债券融资额均低于 20 亿元，超过一半融资额不高于 5 亿元。而 2021 年首次发行的科技创新公司债券，由于发行人范围更广，总发行金额有所提高，但发行额超过 10 亿元的债券占比也仅为 24%，发行额不足 10 亿元的占比接近 50%；2022 年，首次发行的科创票据的融资额同样不高，每家公司通过发行科创票据单次融资额均值为 8.23 亿元，中位数仅为 7 亿元。相对而言，2022 年非金融企业公司债券发行额的均值为 11.57 亿元、中位数为 10 亿元（表 6-3）。

表 6-3 各种债券发行金额数据统计

单位：亿元

	双创孵化专项债券	创新创业公司债券	科技创新公司债券	科创票据	非金融企业公司债券
平均值	8.56	9.67	9.31	8.23	11.57
中位数	9	5	10	7	10

注：非金融企业公司债券统计范围为未到期债券数据。

资料来源：Choice 客户端。

针对性制度安排不多

虽然科技创新债券已经成为债券市场的一个概念板块，但是整体上的优惠政策并不多，特别是针对科技创新企业自身偿债能力弱的特点而设计的政策不多，更多是从发行效率等角度出发。此外，部分新开发的产品存在受政策大环境影响的问题，如双创孵化专项债券近年来发行下滑明显，特别是 2022 年全年没有发行。

建议

01

扩大科技创新债券覆盖面。在债券发行注册制改革的基础上，监管和交易所等部门未来可发挥大数据等技术手段，甄别发行主体风险，从而系统性降低发债门槛，为更多科技创新企业提供债券融资服务。

02

建立制度性科技创新债券发行交易机制。探索建立适合科技创新企业特征的债券发行、交易制度，借鉴国外高收益债发行经验，设置科技创新债券合格投资者准入门槛；支持北交所探索发行科技创新债券业务，扩大科技创新债券发行市场供给。

第七章　区块链技术在供应链金融中的应用现状与展望

近年来，供应链金融逐渐成为改善中小企业融资情况的有效工具，但是在具体操作中仍然存在交易信息不透明等难题。利用区块链去中心化或多中心化等技术特性可以有效解决上述难题，我国在相关领域的实践探索颇丰。

区块链技术在供应链金融中的主要应用情况

供应链金融是指以商业活动中的供应链为基础，金融机构将供应链作为整体进行信贷决策，从而为供应链上下游本身不具备融资条件或融资难度大的企业提供资金支持。在经济活动中，供应链金融的主体包括核心企业、商业银行、仓储监管方（第三方物流企业）和存在资金需求的中小企业等[①]。区块链技术在供应链金融中的主要应用情况如下。

科技公司、金融机构、核心企业、政府是基于区块链技术的供应链金融平台建设与运营的重要主体

根据艾瑞咨询 2023 年发布的《中国供应链金融数字化行业研究报告》，2022 年我国供应链金融行业规模为 36.9 万亿元，其中应收账款模式占比达 60%，预计未来 5 年我国供应链金融行业规模将以 10.3% 的复合年均增长率增长，2027 年将超 60 万亿元。区块链技术在供应链金融中的应用较多，尤其是在金融科技公司建设的供应链金融平台中，67% 都应用了区块链技术[②]。目前，科技公司、金融机构、核心企业、政府是基于区块链技术的供应链金融平台建设与运营的重要主体。尤为值得关注的是，2022 年，山东等地政府部门在相关领域做出了诸多尝试，基于区块链技术牵头搭建信用平台，助力解决中小企业融资难题（表 7-1）。

---

① 周达勇，吴瑶 . 区块链技术下供应链金融与科技型中小企业融资 [J]. 新金融，2020（10）：49-53.

② 艾瑞咨询 . 中国供应链金融数字化行业研究报告 [R].2023.

表 7-1 供应链金融代表性应用案例

	牵头主体	案例
科技公司	河南中盾云安信息科技有限公司（简称"中盾云安"）	中盾云安建设的"基于区块链＋物联网的粮食仓单质押平台"，利用物联网和区块链技术，完善用粮企业物联网系统基础管理、可信接入并及时采集物联网数据，实现了粮食供应链的全流程可视化监管，在一定程度上解决了粮食产业链上相关企业融资难、融资慢的问题
	布比（北京）网络技术有限公司（简称"布比"）	布比建设的壹诺金融平台为核心企业、资金方及各级供应商、经销商提供了一个基于可信环境、可信通道、可信履约工具基础之上的业务撮合平台，释放／传递核心企业信用的同时打破信息不对称、降低信任成本及资金流转风险等
	西安纸贵互联网科技有限公司（简称"纸贵科技"）	纸贵科技与西安金融电子结算中心共同搭建的"供链融通"供应链金融综合服务平台，面向以商业汇票为主的供应链金融资产流通融资需要，提供政、银、企等各类市场主体间的信息沟通桥梁，支持资金供需双方高效对接，创新拓宽供应链上下游企业融资渠道
金融机构	深圳前海微众银行股份有限公司（简称"微众银行"）	微众银行基于自研的区块链技术底层开源平台技术，建设了供应链金服平台，打通关联业务审核人员及客户资料结构化数据整理，一天内即可完成从客户注册到最终融资放款，极大提升了供应链金融服务时效
核心企业	北汽福田汽车股份有限公司（简称"福田汽车"）	福田汽车集团联合平安集团共同打造的"区块链＋汽车供应链金融"解决方案暨福金 All-Link 系统，是基于区块链技术的汽车供应链金融解决方案和供应链金融交易平台，福金 All-Link 系统的推出实现了区块链技术在我国汽车供应链金融领域的首次应用
政府	厦门市	2022 年 3 月 21 日，由厦门自贸委财金局牵头的厦门国际贸易"单一窗口"金融区块链平台 6 个新的应用场景系统完成建设并先后落地运行，分别应用于企业供应链融资和银行贷款用途跟踪等。该平台预计将提升信贷安全性和授信审批效率，并将持续开发更多的数字化场景，推动更多的银行与平台联通，让金融机构和企业分享政府公共信息资源
	深圳市	2022 年 10 月 20 日，深圳市公共信用中心持续加强信用信息共享应用，全力推动深圳信易贷平台建设工作，旨在解决银企信息不对称的"盲点"、融资成本高的"痛点"、数据融合难的"堵点"问题。同时，平台引入全国统一电子营业执照登录，应用于服务申请、贷款办理、电子合同签、授权等业务场景，只需"扫一扫"即可完成，惠企助企水平进一步提升。目前，深圳市实现了政府部门、金融及征信机构、企业用户三线并行机制，完成了"一次申请、双向匹配、三端支撑、全市共享"的数据信贷模式，形成了"需求导向、创新应用、防控风险、协调联动"的积极态势

牵头主体		案例
政府	中国（山东）自由贸易试验区（简称"山东自贸试验区"）	2022 年 11 月 22 日，为切实小微企业"融资难、融资贵、办事难、跑腿多"等痛点，山东自贸试验区济南片区依托"泉城链"区块链平台，对现有政务数据开放的措施和手段进行完善提升，通过个人和企业专属的"数字保险箱"，实现政府公共数据与金融机构安全可信共享，建立普惠金融"链上"服务新模式，有效增强市场主体对金融服务的获得感

资料来源：根据公开资料整理。

● 科创金融改革试验区的建设为应用提供更好发展契机

2022 年 11 月，中国人民银行、国家发展改革委、科技部、工业和信息化部、财政部、银保监会、证监会、外汇局印发《上海市、南京市、杭州市、合肥市、嘉兴市建设科创金融改革试验区总体方案》，提出在依法合规、风险可控的前提下，积极探索区块链技术在供应链金融、贸易金融、交易清算、征信等金融场景的安全应用，支持长三角征信链建设，推动长三角征信一体化发展。2023 年 5 月，中国人民银行、国家发展改革委、科技部、工业和信息化部、财政部、银保监会、证监会、外汇局、知识产权局联合印发《北京市中关村国家自主创新示范区建设科创金融改革试验区总体方案》，明确了 7 个方面 27 条主要任务。具体提出，要建立全市统一的供应链金融公共服务平台，推动北京市供应链平台、金融机构和企业与供应链票据平台对接，鼓励辖区内银行提供供应链票据贴现等融资服务。并指出，研究探索区块链技术在金融领域的应用。

● 案例应用推广工作持续开展

中央网信办、工业和信息化部等部门持续开展案例应用推广工作，围绕区块链技术推动实体经济发展、社会治理、民生服务、金融科技等主题，开展案例征集，探索和拓展区块链细分场景落地，打造具有地方特色和辨识度的区块链应用成果。

● 合规交易备受关注

2023 年 9 月，国务院印发《河套深港科技创新合作区深圳园区发展规划》，明确指出香港和深圳将联手打造国际一流科技创新平台，聚焦区块链与量子信息等前沿交叉领域，支持深港联合国内外高校、科研院所在深圳园区共建卓越研究中心，积极探索区块链等技术在金融领域的规范应用，加快建设深圳数据交易场所。

● 国际化标准初步形成

2022 年 4 月，IEEE 计算机协会区块链和分布式记账标准委员会发布《基于区块链的供应链金融标准》，对基于区块链的供应链金融通用框架、角色模型、典型业务流程、技术要求、安全要求等方面进行定义。该标准将有助于提升企业自身的供应链金融系统标准化水平，以标准促协同，助力产业数字化升级。

典型案例与主要问题

布比壹诺金融实践案例

布比成立于 2015 年 3 月，专注于区块链产品及商业模式创新。布比旗下的壹诺金融，是基于 Bubichain 底层技术，自主开发并运营的"区块链 + 供应链金融"科技服务平台，依托产业链条中真实贸易背景，以应收账款、预付款、存货为对象，将区块链技术不可篡改、多方共享等技术特性与供应链金融场景深度结合，缓解传统业务场景下信息不对称等问题（图 7-1）。

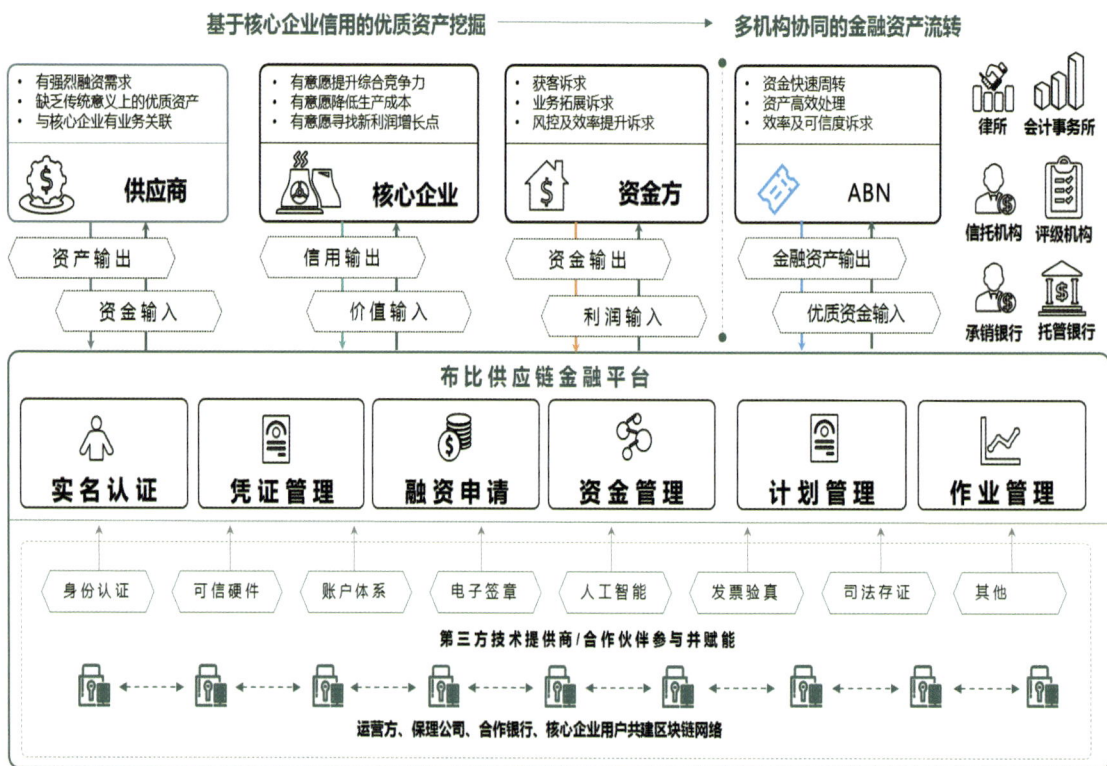

图 7-1 布比壹诺金融供应链服务平台 [①]

---

① 来自对布比的调研。

大型传统核心企业拥有完整庞大的供应链生态、良好的银行授信及稳定的现金流，是供应链金融业务场景中不可或缺的信用枢纽和风控主体。壹诺金融通过引入区块链技术，帮助进入平台的核心企业及其产业上下游参与方之间的信息以更可信、更低成本的方式顺畅传递，并通过智能合约为链条内的资金结算提供可选的固化通道，从而使核心企业的信用价值有机会延伸并传递至整个产业链，有效解决资金方所关心的、可能发生的贷后风险扩大问题。因此，从功能定位角度看，壹诺金融平台为核心企业、资金方及各级供应商、经销商提供了一个基于可信环境、可信通道、可信履约工具基础之上的业务撮合平台，即各级供应商将自身所拥有的核心企业债权提供给资金方，换取生产所需要的优质资金，核心企业则作为真实贸易背景的佐证方及无条件付款的承诺方，保证资产和资金转化过程的顺利进行。

截至 2022 年 6 月，布比搭建的底层区块链网络已部署建设 26 个稳定共识节点；构建应收账款融资、订单融资、融通仓、保兑仓、资产证券化（ABS/ABN）等供金领域细分业务场景，已服务国内金融机构 20 余家、大型生产制造核心企业 30 余家，供应商 / 经销商 10 000 余家，形成了稳定可信的商业模式[①]。

主要问题表现

近期，我们对布比等科技公司，以及部分中小企业使用区块链技术改善融资服务情况进行调研发现，尽管基于区块链技术的融资、信用平台建设对于改善中小企业金融服务起到了一定作用，但是仍存在一些问题。

01 从技术自身角度看，应用过程中无法体现排他性技术特征。调研对象反映，区块链技术在金融中的很多实际应用只是为了区块链而区块链；在企业融资过程中仍需要核心企业等作为信用主体，本质上还属于中心化范畴，因此，不必一定使用区块链技术，其信用传导等技术特性无法发挥出来。

02 从企业管理角度看，技术应用对核心企业现有业务流程构成挑战。调研对象反映，一些核心企业的财务部门对信息技术不甚了解，因此，对利用区块链技术持谨慎态度，担心技术会对现有业务流程、数据管理等造成冲击，加大核心企业运营风险。

① https://baijiahao.baidu.com/s?id=1758524811660609084&wfr=spider&for=pc.

03　从业务平台角度看，由政府搭建的信用平台效果并未显现。调研对象反映，一些地方政府主导搭建了中小企业信用平台，把中小企业相关信息进行登记，试图希望银行依此放贷，但主导方往往无法获得准确的企业税务数据，这种做法并不符合银行放贷逻辑，使得一些信用平台形同虚设。

政策建议

从全球范围看，利用区块链技术解决中小企业融资问题还处于早期探索阶段。就我国而言，需要从治理手段、基础设施、监管方法等方面进行突破，推动区块链技术更好促进金融服务中小企业。

01　提升政府适应性治理能力。在基于区块链技术的金融基础设施或信用平台建设中，建议设置科技、财政、税务等政府角色作为利益互斥体参与，并推动数据互通。一方面，由于区块链本身带有制约权威的能力，使得参与人群可以更加信任权威，可以提高政府公信力；另一方面，政府是最大的信用源，只有对接政府信用的区块链体系，才能真正发挥出巨大作用。

02　完善普惠金融基础设施建设。鼓励银行等机构利用区块链技术推动信息共用共享，探索建立基于区块链的新型金融基础设施建设，改善中小企业融资过程中可能存在的信息不对称等情况。

03　优化监管体系。为区块链技术发展及应用制定综合的"前置"监管框架，探索针对新经济形态适用的、国际通行的数据监管、内容监管、行为监管等方法。

Chapter 8

第八章　金融大模型快速发展，引领金融科技新浪潮

随着深度学习技术的发展、计算能力的提升和数据资源的丰富，人工智能大规模语言模型（简称"大模型"）能够从海量的数据中学习出复杂的信息、规律或特征。自 2022 年以来，大模型已经在各类金融场景中逐步应用，有望成为驱动金融科技高质量发展的重要工具。

大模型在金融领域的应用价值与典型场景

应用价值

金融行业需要处理大量的数据和信息，大模型在金融领域具有重要的应用价值。金融机构可以运用大模型进行自动化风险管理和合规监控，得到实时的风险告警和合规建议；金融从业者基于大模型可以获取深度洞察、快速决策，并设计创新的金融产品；金融用户通过与大模型的交互，可以获取即时信息，获得更加友好、便捷的用户体验。总体来看，大模型在金融领域的应用价值有三：

一是作为人力成本集约工具。大模型的智能化能力使得金融机构能够通过自动化的方式提供服务和支持，提高效率。同时，大模型能够处理大量的用户咨询和需求，减少人力成本。

二是作为用户体验提升工具。通过与大模型的对话，金融机构可以实现个性化的服务和定制化的产品推荐，根据用户的需求和偏好提供精准建议。这种个性化的服务不仅能够满足客户的需求，还能够提高用户体验，增强客户对金融机构的忠诚度和信任度。

> **三是作为辅助决策支持工具。** 大模型可以对金融数据进行深度学习和分析，提供数据驱动的决策支持。金融机构可以通过与大模型的交互，获取即时的市场情报、风险预警和投资建议，辅助决策者做出准确、迅速的决策，提高业务决策的准确性和效率。

● 典型场景

新一代人工智能技术已成为金融领域数字化转型的一个重要支柱。例如，ChatGPT作为一种高效的自然语言处理工具正被广泛采用，在智能客服、信用评分、市场调查等方面发挥重要作用（表8-1）。

表 8-1　大模型在金融领域的典型应用场景

应用领域	具体应用方式
智能客户服务	大模型可为金融机构提供全天候、个性化的客户服务和专业咨询。通过与大模型对话，可获得财务建议、投资信息和产品介绍，提高金融服务的便捷性和用户体验
金融产品创新	大模型可以分析海量金融数据和资本市场信息，辅助金融机构进行风险评估、产品设计和创新
金融风险合规	金融机构可以利用大模型进行更准确的风险评估，如预测贷款违约、股市波动等。模型通过处理大规模的历史数据，可以学习到各种因素对金融市场的影响，从而为决策提供更准确的依据。大模型可助力金融机构进行自动化的风险管理和合规监控，提供实时的风险警示和合规建议
金融市场调查	大模型可以进行问卷调查和数据分析，进而做出决策有用的反馈。通过分析文本语言，大模型能够帮助经营机构迅速了解市场舆情、投资情绪、热点题材等
金融流程自动化	大模型可以优化各种与金融有关的流程，如贷款申请和欺诈检测。通过自动化这些流程，金融机构可以减少手动错误并提高效率。大模型还可以帮助金融机构节省人工成本，处理例行任务，从而为更复杂的任务释放人力资源
智能投资顾问	大模型可根据特定条件输出投资组合建议。智能投顾公司可基于大模型提供更好的个性化投资服务，识别投资组合的风险，与投资者进行及时、智能交互
保险经纪与理赔	大模型可与客户适时交互，快速梳理客户需求，提供保险构建建议，跟踪投保流程，全周期提供保险建议。保险公司可基于大模型来处理理赔申请，自动核实索赔信息，加快理赔进程，提高理赔效率

续表

应用领域	具体应用方式
风险评级	金融机构可运用大模型进行风险评估和信用评级，基于大模型对客户的交易流水、资产抵押、贷款与还款等数据进行分析，评估用户信用，识别融资风险
金融监管	金融监管机构可以利用大模型更有效地监控和预测金融市场的动态，以及评估金融机构的风险。例如，通过分析金融机构的交易数据，可以检测到异常交易和可疑行为，为监管提供更准确的依据和支持

全球金融大模型开发与应用情况

全球金融大模型目前多数处于起步阶段，有着很大的发展空间和潜力（表 8-2）。这些大模型具有强大的计算能力和处理海量数据的能力，能够从庞大的金融数据中学习并提取有价值的信息。随着技术的不断发展和算法的不断优化，全球金融大模型将会在更广泛的领域得到应用，并带来更高效的金融服务和更精确的决策支持。同时，为了应对数据安全和隐私保护的挑战，金融机构需要加强数据管理和安全防护能力，确保金融大模型的应用和发展符合相关法规和标准。

表 8-2　典型的金融大模型开发与应用情况

大模型	开发与应用情况
BloombergGPT	经过广泛的金融数据训练，具备处理金融领域内各种自然语言任务的能力。该模型利用大量彭博社的金融数据源和一个拥有 3450 亿标签的公共数据集构建训练语料库，包含超过 7000 亿标签。BloombergGPT 能以更加灵活的方式进行思考和生成文本，从而更好地适应各种不同的金融场景
Numerai	利用 GPT 技术和机器学习算法预测加密货币市场。该模型将社交媒体数据与 ChatGPT 结合，用于预测市场情绪和投资者信心。为了确保数据的安全性，它采用加密技术对历史市场数据进行处理
COVU	COVU 是一个保险科技大模型，该人工智能工具使保险公司能够将客户服务成本降低 30%，可以为公司节省数百万美元。同时，经纪人可以使用这些工具来减少管理任务并快速发现新的销售机会，从而更加专注于有针对性的营销工作
蚂蚁金融大模型	针对金融产业深度定制，底层算力集群达到万卡规模，目前已在蚂蚁集团的财富、保险平台上全面测试。同时，蚂蚁也发布了两款基于金融大模型能力的产品：智能金融助理支小宝 2.0、服务金融产业专家的智能业务助手支小助。支小宝 2.0 主要面向投资者，可以提供高质量的行情分析、持仓诊断、资产配置和投教陪伴等专业服务；而支小助则可以为从业人员在投研分析、信息提取、专业创作、商机洞察、金融工具使用等环节提供深度智能服务

续表

大模型	开发与应用情况
轩辕	轩辕是度小满发布的千亿级参数中文大模型，是国内首个垂直金融行业的开源大模型，自开源以来，已经有上百家金融机构申请试用。轩辕大模型是在 1760 亿参数的 Bloom 大模型基础上训练而来，在金融名词理解、金融市场评论、金融数据分析和金融新闻理解等任务上，效果相较于通用大模型大幅提升，表现出明显的金融领域优势。数据集涵盖了金融研报、股票、基金、银行、保险等各个方向的专业知识
War-renQ 和 LightGPT	恒生电子和旗下子公司恒生聚源发布基于大语言模型技术打造的数智金融新品：金融智能助手光子和全新升级的智能投研平台 War - renQ，恒生电子发布金融行业大模型 LightGPT，2023 年 9 月正式开放试用接口
天镜	天镜是马上消费金融发布的零售金融大模型，该模型运行 3 个月的意图理解准确率达 91%，相较于传统 AI 68% 的意图理解准确率有较大提升；客户参与率为 61%，高于传统模型 43% 的参与率，高于人工坐席平均 28% 的水平
FinGPT	FinGPT 是哥伦比亚大学近日联合上海纽约大学推出的全新大模型产品，它采用以数据为中心的方法，为研究者和从业者提供共享资源，便于他们开发自己的金融 LLMs。FinGPT 可面向金融机构从业者和客户提供机器顾问、算法交易和低代码开发等功能

大模型在金融领域应用面临的风险

随着大模型在金融领域的深化应用，我们也需关注安全、隐私、法律和道德伦理风险等问题，确保大模型的应用在金融行业中能够充分发挥其优势的同时，保障用户的权益和信息安全。

01 网络安全风险。大模型通过大规模语料库训练，能够根据用户的文本输入产生相应的智能回答，大幅降低了恶意攻击者获取信息的成本。如果训练数据存在偏误，或者应用场景不合适，可能会产生有误导性的信息。

02 数据隐私风险。大模型默认所有数据均对外出境，会话中输入的数据是无法删除的，被后续训练使用、分享和存储，使得数据处理者丧失对其掌握数据的控制力，造成数据范围的扩散和用途的不可控。此外，金融领域涉及大量敏感信息，如宏观经济指标、金融市场数据、企业财务数据、个人交易数据等，数据泄露可能对金融市场、金融稳定和个人金融隐私产生严重威胁。

03

法律风险。大模型是基于海量数据训练出来的模型，其数据来源、模型参数、应用场景都可能涉及一些受知识产权保护的内容，如专利、机密文件、文学音乐作品。如果金融机构在决策时依赖不合法信息，也可能会承担一定的法律责任。

04

道德风险。若大模型基于训练集产生文本出现偏误，或产生新语义，责任归属的认定将涉及目前难以解决的科技伦理问题。训练数据中，可能存在一些偏见和歧视性信息被用于身份伪造、欺骗误导、钓鱼攻击、传播不良信息等。大模型还会影响用户的道德判断，且影响程度是被用户所低估的，因为大模型是有政治立场和价值取态的，存在意识形态渗透的威胁。

05

系统性金融风险。金融大模型的运用可能导致金融体系关联度的急剧增加，从而导致系统性金融风险产生。从微观部门看，金融大模型的应用确有助于各金融部门提高风险管理水平，但是从宏观层面讲，金融大模型的应用存在引发系统性金融风险的可能：一是市场波动问题，金融大模型对市场消息的实时分析可能造成对市场消息的过度解读，扩大市场波动。二是风险集中问题，基于金融大模型的智能投顾可能导致羊群效应的扩大化，加剧风险集中。

06

金融监管风险。金融大模型具有相当的技术复杂性，尤其许多算法实际上仍然处于"黑箱"状态，即使是设计者也不了解其结论的生成机制，这使得金融大模型的应用给金融监管机构带来一系列挑战。金融大模型的应用使监管焦点从金融机构和从业人员转向了技术本身，如何实现其与金融业务部门的有效整合也是一个考验。

促进金融领域大模型合规运用的政策建议

01 遵循人工智能初步生成 + 人工终审模式。ChatGPT 等大模型虽然功能强大，但仍不可避免地存在局限性和错误信息输出的可能性。人工智能初步生成 + 人工终审模式下，将由具备专业知识的人员对 AI 生成的内容进行评估和修正，确保输出内容符合要求，最大限度地兼顾效率和准确性。

02 加强数据监管和金融消费者权益保护。加强对金融消费者的数据授权安全保护，明确定义并根据实际情况及时调整数据范围的边界，建立多层安全级别的数据"防火墙"，防止大模型使用过程的数据泄露和滥用。建立定期安全审核制度，做好数据泄露风险的相应预案。在扩大服务覆盖面的同时，运用大数据、多元化数据交叉验证等科技手段提高风险识别与管控能力。

03 完善法律法规，适应人工智能的长期发展需要，保护大模型在金融行业的正当应用。建立合规审查和责任追踪制度，对于违规行为明确责任分担并落实追责。

04 鼓励自主的大模型研发。大型语言模型具有广泛的应用前景，自主发展大型语言模型具有重要意义。自主开发大型语言模型可以降低技术依赖，增强国家的技术自主可控能力；可以更好地保护本国数据安全和隐私，有效防范外部威胁；还可以更好地适应本国的语言特点、文化背景、行业需求等，提高技术在金融领域的适配性和应用价值。

05 　　建立金融大模型数据质量管理机制。金融数据质量是由数据可用性、准确性和完整性等决定的。金融数据质量管理应该从最初的数据采集与储存开始，对数据要素进行分类、分级、评估和标准化处理，提前进行数据标记与加工，方便数据实现跨行业、跨地区、跨系统的流动与使用，提高金融数据的可用性、准确性和完整性，为后续不同数据类型提供不同的技术服务做好准备工作。

06 　　创新数据交易方式，打破数据共享"壁垒"。创新数据交易方法可以通过引入区块链等技术手段，实现数据的去中心化交易，使数据所有者和数据买家可以更加公平地进行交易。

附 录

附录 1　科技金融政策

四类	文件	发文单位	主要内容
顶层设计	科技部 财政部关于印发《企业技术创新能力提升行动方案（2022—2023 年）》的通知（国科发区〔2022〕220 号）	科技部、财政部	①推动惠企创新政策扎实落地。推动研发费用加计扣除、高新技术企业税收优惠、科技创业孵化载体税收优惠、技术交易税收优惠等普惠性政策"应享尽享"，加快落实和推广中关村新一轮先行先试改革措施，进一步放大支持企业创新的政策效应。②强化对企业创新的风险投资等金融支持。建立金融支持科技创新体系常态化工作协调机制。鼓励各类天使投资、风险投资基金支持企业创新创业，深入落实创业投资税收优惠政策，引导创业投资企业投早、投小、投硬科技。用好用足科技创新再贷款、重大科技成果产业化专题债等政策工具，发挥各类金融机构的作用。推广企业创新积分贷、仪器设备信用贷等新型科技金融产品，为 10 万家以上企业增信授信。推广科技项目研发保险、知识产权保险等新型科技保险产品
	科技部关于印发《"十四五"技术要素市场专项规划》的通知（国科发区〔2022〕263 号）	科技部	"十四五"期间，现代化技术要素市场体系和运行制度基本建立，统一开放、竞争有序、制度完备、治理完善的高标准技术要素市场基本建成；到 2025 年，我国技术要素市场制度体系基本完备，互联互通的技术要素交易网络基本建成，技术要素市场服务体系协同高效，技术要素市场化配置成效大幅提升

续表

四类	文件	发文单位	主要内容
顶层设计	科技部关于印发《"十四五"国家高新技术产业开发区发展规划》的通知（国科发区〔2022〕264号）	科技部	促进科技与金融深度融合，鼓励银行业金融机构在国家高新区设立科技支行。支持各类金融机构在区内开展投贷联动、知识产权质押融资、知识产权保险、绿色金融、供应链金融等多样化服务，落实首台（套）重大技术装备保险等相关政策。支持区内科技型企业扩大债券融资。支持园区按照市场化、法治化原则，探索多元风险分担机制，开展科技成果转化贷款风险补偿工作，健全科技型中小企业信贷风险分担体系
	科技部办公厅关于营造更好环境支持科技型中小企业研发的通知（国科办区〔2022〕2号）	科技部办公厅	以支持科技型中小企业研发为主线，推动科技、金融、财税等政策加大落实力度，从优化资助模式、完善政策措施、集聚高端人才、创造应用场景、夯实创新创业基础条件等方面，形成支持科技型中小企业研发的制度安排，支持科技型中小企业开展关键核心技术攻关，大幅提升中小企业研发能力，推动高水平科技自立自强
	中国证监会 国务院国资委关于支持中央企业发行科技创新公司债券的通知（证监发〔2022〕80号）	中国证监会、国务院国资委	通过优化市场服务运行机制、监管考核标准、融资决策程序等方式多措并举支持中央企业发行科技创新公司债券募集资金，支持中央企业开展基础设施REITs试点，鼓励中央企业增加研发投入，鼓励商业银行、社保基金等中长期资金加大科技创新公司债券投资
	关于印发"十四五"促进中小企业发展规划的通知（工信部联规〔2021〕200号）	工业和信息化部、国家发展和改革委员会、科学技术部、财政部、人力资源和社会保障部、农业农村部、商务部、文化和旅游部、中国人民银行、海关总署、国家税务总局、国家市场监督管理总局、国家统计局、中国银行保险监督管理委员会、中国证券监督管理委员会、国家知识产权局、中国国际贸易促进委员会、中华全国工商业联合会、国家开发银行	培育10万家"专精特新"中小企业、1万家专精特新"小巨人"企业。并通过开展优质中小企业培育、创新能力和专业化水平提升、企业融资促进等多项重点工程，促进中小企业健康发展

续表

四类	文件	发文单位	主要内容
顶层设计	关于开展"携手行动"促进大中小企业融通创新（2022—2025年）的通知（工信部联企业〔2022〕54 号）	工业和信息化部、国家发展和改革委员会、科学技术部、财政部、人力资源和社会保障部、中国人民银行、国务院国有资产监督管理委员会、国家市场监督管理总局、中国银行保险监督管理委员会、国家知识产权局、中华全国工商业联合会	以金融为纽带，优化大中小企业资金链：①创新产业链供应链金融服务方式。②推动直接融资全链条支持。③引导大企业加强供应链金融支持
	国家知识产权局关于知识产权政策实施提速增效　促进经济平稳健康发展的通知（国知发运字〔2022〕25 号）	国家知识产权局	加快推动知识产权价值实现，畅通循环增强发展动力，用好知识产权质押途径支持中小微企业融资
	国家发展改革委等部门关于做好2023 年降成本重点工作的通知（发改运行〔2023〕645 号）	国家发展改革委、工业和信息化部、财政部、人民银行	完善税费优惠政策；加强重点领域支持；落实税收、首台（套）保险补偿等支持政策，促进传统产业改造升级和战略性新兴产业发展；持续优化金融服务，继续实施小微企业融资担保降费奖补政策，促进中小微企业融资增量扩面，降低融资担保成本
财税引导	关于延续执行创业投资企业和天使投资个人投资初创科技型企业有关政策条件的公告（财政部　税务总局公告 2022 年第 6 号）	财政部、税务总局	自 2022 年 1 月 1 日至 2023 年 12 月 31 日，对于初创科技型企业需符合的条件，从业人数继续按不超过 300 人、资产总额和年销售收入按均不超过 5000 万元执行
	财政部　税务总局关于进一步实施小微企业"六税两费"减免政策的公告（财政部　税务总局公告 2022 年第 10 号）	财政部、税务总局	对增值税小规模纳税人、小型微利企业和个体工商户可以在 50% 的税额幅度内减征资源税、城市维护建设税、房产税、城镇土地使用税、印花税（不含证券交易印花税）、耕地占用税和教育费附加、地方教育附加
	财政部　税务总局关于中小微企业设备器具所得税税前扣除有关政策的公告（财政部　税务总局公告 2022 年第 12 号）	财政部、税务总局	中小微企业在 2022 年 1 月 1 日至 2022 年 12 月 31 日期间新购置的设备、器具，单位价值在 500 万元以上的，按照单位价值的一定比例自愿选择在企业所得税税前扣除。其中，企业所得税法实施条例规定最低折旧年限为 3 年的设备器具，单位价值的 100% 可在当年一次性税前扣除；最低折旧年限为 4 年、5 年、10 年的，单位价值的 50% 可在当年一次性税前扣除，其余 50% 按规定在剩余年度计算折旧进行税前扣除

续表

四类	文件	发文单位	主要内容
财税引导	财政部 税务总局关于企业投入基础研究税收优惠政策的公告（财政部 税务总局公告 2022 年第 32 号）	财政部、税务总局	对企业出资给非营利性科学技术研究开发机构（简称"科研机构"）、高等学校和政府性自然科学基金用于基础研究的支出，在计算应纳税所得额时可按实际发生额在税前扣除，并可按 100% 在税前加计扣除。对非营利性科研机构、高等学校接收企业、个人和其他组织机构基础研究资金收入，免征企业所得税
	国家税务总局关于企业预缴申报享受研发费用加计扣除优惠政策有关事项的公告（国家税务总局公告 2022 年第 10 号）	国家税务总局	企业 10 月预缴申报第 3 季度（按季预缴）或 9 月（按月预缴）企业所得税时，可以自主选择就当年前三季度研发费用享受加计扣除优惠政策。对 10 月预缴申报期未选择享受研发费用加计扣除优惠政策的，可以在办理当年度企业所得税汇算清缴时统一享受
	财政部 税务总局 科技部关于加大支持科技创新税前扣除力度的公告（财政部 税务总局 科技部公告 2022 年第 28 号）	财政部、税务总局、科技部	高新技术企业在 2022 年 10 月 1 日至 2022 年 12 月 31 日期间新购置的设备、器具，允许当年一次性全额在计算应纳税所得额时扣除，并允许在税前实行 100% 加计扣除
	关于小微企业和个体工商户所得税优惠政策的公告（财政部 税务总局公告 2023 年第 6 号）	财政部、税务总局	对小型微利企业年应纳税所得额不超过 100 万元的部分，减按 25% 计入应纳税所得额，按 20% 的税率缴纳企业所得税。对个体工商户年应纳税所得额不超过 100 万元的部分，在现行优惠政策基础上，减半征收个人所得税
	关于进一步完善研发费用税前加计扣除政策的公告（财政部 税务总局公告 2023 年第 7 号）	财政部、税务总局	企业开展研发活动中实际发生的研发费用，未形成无形资产计入当期损益的，在按规定据实扣除的基础上，自 2023 年 1 月 1 日起，再按照实际发生额的 100% 在税前加计扣除；形成无形资产的，自 2023 年 1 月 1 日起，按照无形资产成本的 200% 在税前摊销
金融改革	科技部火炬中心与中国银行关于开展科技金融"一体两翼"助力企业创新能力提升行动的通知（国科火字〔2022〕81 号）	科技部火炬中心、中国银行	明确支持科技企业"出海"、支持科技企业精准融资、支持科技领军企业做大做强、推动设立科技创新协同发展母基金、支持建设科技金融服务示范机构、支持高水平科技成果产业化及科技创业、支持国家高新区平台多元化融资、支持国家高新区完善创新生态 8 个方面的重点工作任务

续表

四类	文件	发文单位	主要内容
金融改革	中国银保监会办公厅关于进一步推动金融服务制造业高质量发展的通知（银保监办发〔2022〕70号）	中国银保监会办公厅	优化重点领域金融服务。银行机构要扩大制造业中长期贷款、信用贷款规模，重点支持高技术制造业、战略性新兴产业，推进先进制造业集群发展，提高制造业企业自主创新能力。加大对传统产业在设备更新、技术改造、绿色转型发展等方面的中长期资金支持。围绕高新技术企业、"专精特新"中小企业、科技型中小企业等市场主体，增加信用贷、首贷投放力度
	中国银保监会　上海市人民政府关于印发中国（上海）自由贸易试验区临港新片区科技保险创新引领区工作方案的通知（银保监发〔2022〕16号）	中国银保监会、上海市人民政府	鼓励保险机构依法合规投资科创类投资基金。支持保险资金依法合规以债权投资计划或股权投资计划等方式参与临港新片区八大前沿制造业、五大特色园区重大产业项目和重点科技企业的投融资，助力打造千亿级产业集群。支持保险资金助力现代化新城建设
	私募投资基金监督管理条例（中华人民共和国国务院令第762号）	中华人民共和国国务院	共7章62条，是我国私募投资基金行业首部行政法规
	全面实行股票发行注册制制度规则	中国证监会	2023年2月17日，中国证监会发布全面实行股票发行注册制相关制度规则，自公布之日起施行。证券交易所、全国股转公司、中国结算、中证金融、证券业协会配套制度规则同步发布实施。制度规则共165部，其中证监会发布的制度规则57部，证券交易所、全国股转公司、中国结算等发布的配套制度规则108部。内容涵盖发行条件、注册程序、保荐承销、重大资产重组、监管执法、投资者保护等各个方面
	中国银保监会办公厅关于2023年加力提升小微企业金融服务质量的通知（银保监办发〔2023〕42号）	中国银保监会办公厅	支持小微企业科技创新，助力产业发展。优化服务模式，综合运用动产和知识产权、供应链票据、应收账款融资及财产保险、责任保险等服务方式，强化资金支持和风险保障，加强与直接融资有机衔接，培育小微企业成为创新发源地

续表

四类	文件	发文单位	主要内容
地方探索	关于北京保险业支持科技创新和高精尖产业高质量发展的通知（京银保监发〔2022〕310号）	中国银保监会北京监管局、北京市科学技术委员会、中关村科技园区管理委员会、北京市地方金融监督管理局、北京市经济和信息化局、北京市知识产权局	辖内各保险机构应充分聚焦保险服务科技创新重点领域，从提升保险服务知识产权保护能力、提供研发创新全周期保险保障、支持传统制造业技术创新转型升级、加大医疗健康产业保险保障力度、加大战略性产业保险支持力度、助力绿色金融体系建设等6个方面发力，落实先行先试改革部署，通过产品和服务模式创新，建立覆盖企业技术创新、装备购置、产品研发、成果转化、产能提升和信用融资等全方位的保险保障机制
	北京市科学技术委员会、中关村科技园区管理委员会关于印发《中关村国家自主创新示范区促进科技金融深度融合发展支持资金管理办法（试行）》的通知（京科发〔2022〕6号）	北京市科学技术委员会、中关村科技园区管理委员会	支持长期资本参与科技创新投资、引导投资机构开展早期硬科技投资等10项支持内容
	北京市地方金融监督管理局等六部门印发《关于对科技创新企业给予全链条金融支持的若干措施》的通知（京金融〔2022〕190号）	北京市地方金融监督管理局、北京市科学技术委员会、中关村科技园区管理委员会、中国人民银行营业管理部、中国银行保险监督管理委员会北京监管局、中国证券监督管理委员会北京监管局、北京市海淀区人民政府	建立产品创新机制，发挥"带动提升"效应：①加大科创企业信贷投放力度。②加强股债联动模式创新。③用好用足货币政策工具。④创新资产管理产品。⑤完善科技保险产品体系。⑥探索开展知识产权证券化。⑦鼓励科创企业利用债券市场融资
	北京市科委、中关村管委会、市金融监管局印发《于支持创新型中小企业在北京证券交易所上市融资发展的若干措施》的通知（京科金发〔2022〕95号）	北京市科学技术委员会、中关村科技园区管理委员会、北京市地方金融监督管理局	从8个方面具体开展措施：①开展重点企业培育；②提供上市协调服务；③支持企业上市前融资；④给予企业挂牌、上市资金支持；⑤支持关键人才引进和激励；⑥协助企业扩大研发、产业化空间；⑦支持企业开展并购重组；⑧支持提升金融科技发展水平
	北京市科委、中关村管委会等7部门印发《关于加快建设高质量创业投资集聚区的若干措施》的通知（京科发〔2021〕79号）	北京市科学技术委员会、中关村科技园区管理委员会、北京市地方金融监督管理局、北京市财政局、中国人民银行营业管理部、中国银行保险监督管理委员会北京监管局、中国证券监督管理委员会北京监管局、北京市朝阳区人民政府	从募、投、退等角度明确了对VC/PE的支持，主要内容包括：优化创业投资机构落地服务；加大市区政府投资基金的引导作用；支持创业投资机构多元化募资；加强硬科技投资服务和模式创新；丰富创业投资机构投资退出渠道及加强综合服务保障

续表

四类	文件	发文单位	主要内容
地方探索	关于印发浦东新区"十四五"期间支持中小微企业政策性融资担保财政扶持实施办法的通知（浦财规〔2022〕2号）	上海市浦东新区财政局、上海市浦东新区金融工作局、上海市浦东新区科技和经济委员会	支持方式：①降低中小微企业融资成本；②支持银行开发中小微企业金融产品；③鼓励银行为浦东新区中小微企业提供融资服务；④引导银行拓展对浦东新区中小微企业贷款服务覆盖面；⑤支持融资担保公司为浦东新区中小微企业提供贷款担保；⑥引导浦东新区政府性融资担保机构有序规范发展
	广东省科学技术厅关于印发《贯彻落实〈科技部办公厅关于营造更好环境支持科技型中小企业研发的通知〉的工作方案》的通知（粤科高字〔2022〕66号）	广东省科学技术厅	加强科技型中小企业研发支持：推动税收优惠政策应享尽享。加大科技型中小企业金融供给：加大风险投资资本供给；加强普惠性金融支持力度；加强上市挂牌服务力度
	广东省科学技术厅关于印发《科技创新助力经济社会稳定发展的若干措施》的通知（粤科规字〔2022〕164号）	广东省科学技术厅	强化部门协同，加大服务指导，推动企业研发费用加计扣除、高新技术企业所得税、孵化载体税收优惠等惠企政策应享尽享。鼓励有条件的地市实施科技型中小企业入库评价、高新技术企业认定、企业研发投入等奖补政策。在省科技计划项目中，将单列一定预算资助科技型中小企业研发活动
	广州市科学技术局关于印发广州科技创新母基金直接股权投资管理实施细则的通知（穗科字〔2022〕4号）	广州市科学技术局	母基金直接投资主要投资于中国创新创业大赛等"双创"赛事企业、国家（省、市）级"专精特新"中小企业，以及在穗高校、科研机构、新型研发机构等科技成果在穗转化设立的企业；符合一定投资标准的其他优秀企业也可纳入投资范围。 母基金直投资金通过有限合伙企业进行直接股权投资。原则上，领投时单个项目投资金额不超过1500万元，跟投时单个项目投资金额不超过1000万元。投资后对被投企业参股比例不超过20%、不成为被投企业控股股东或实际控制人。 鼓励母基金直投资金受托管理机构的团队按照母基金直投金额的1%~10%进行跟投。执行过程中可根据实际情况予以相应调整

续表

四类	文件	发文单位	主要内容
地方探索	湖北省科技厅 湖北省财政厅关于印发《湖北省科技创新券管理办法（试行）》的通知（鄂科技规〔2022〕3号）	湖北省科技厅、湖北省财政厅	支持标准：①创新券以电子券形式发放，每年每个企业申领总额不超过20万元，当年有效，先申先兑，逾期未兑付自动作废；②创新券兑付额度为企业购买科技创新服务实际发生金额的30%，最高不超过20万元；③对已享受市（州）、县（市、区）创新券政策的企业不再重复补贴
	湖北省科技厅关于加快推进科技创新助企纾困的若干措施（鄂科技发高〔2022〕15号）	湖北省科技厅	全面启动推广应用科技创新券，科技创新券兑付额度为企业购买科技创新服务实际发生金额的30%，最高额度20万元，用于支持科技型企业开展大型科学仪器共享、检验检测、研发服务等科技创新活动。加快科技创新券申领、使用、兑付，实施全流程电子化、网络化管理。推动各市州科技部门制定出台符合本地实际的创新券管理办法和工作方案，落实专项经费，自主确定创新券的支持范围、申请补助比例等。此外，还将推进税收优惠政策快速全面落实，实施科技企业孵化器和众创空间后补助，助力企业开展关键核心技术攻关，加速推广"企业创新积分制"，加快落实"科技创新再贷款"，深入实施科技金融服务"滴灌行动"，促进高新技术产业开发区高质量发展等
	江西省人民政府办公厅印发关于发展科技金融支持创新创业若干措施的通知（赣府厅字〔2022〕118号）	江西省人民政府办公厅	从增强科技信贷服务能力、营造科技创业投资发展环境、发挥科技保险风险保障作用、推进科技型企业对接资本市场、强化基础服务和改革保障五大方面提出15条具体措施
	关于印发《青岛市科技金融投（保）贷融资模式实施细则》的通知（青科资字〔2022〕5号）	青岛市科学技术局、青岛市财政局、中国人民银行青岛市中心支行	通过持续优化投（保）贷融资模式，放宽业务范围，加码支持力度，让更多科技型企业获得更多的政策红利。放宽了企业获得投资机构投资的期限，由原贷款发放日前1个自然年内有效延长至3个自然年内，扩大了受益市场主体范围
	陕西省地方金融监督管理局等八部门出台印发《关于促进私募股权投资行业高质量发展的若干措施》的通知（陕金发〔2022〕70号）	陕西省地方金融监督管理局、陕西省发展和改革委员会、陕西省科技厅、陕西省工业和信息化厅、陕西省财政厅、陕西省政府国有资产监督管理委员会、陕西省市场监督管理局、中国证监会陕西监管局	包括畅通机构准入渠道、支持合规募集资金、鼓励投资重点领域等12个方面，具体举措内容：支持商业银行、证券公司依法合规开展私募基金托管业务，保障募集资金安全。鼓励实体经济企业围绕上下游产业链出资设立私募股权投资基金。鼓励上市公司以所获各级政府的奖励资金为出资设立天使基金

续表

四类	文件	发文单位	主要内容
地方探索	天津市科技局　天津市财政局关于印发《天津市天使投资引导基金管理暂行办法》的通知（津科规〔2022〕4号）	天津市科学技术局、天津市财政局	天津市天使母基金目标总规模100亿元，首期40亿元，采用"1+N"模式，设立市、区两级联动的天使母基金群。市级层面成立天津市天使投资引导基金合伙企业（有限合伙）；涉及资金按照本办法有关规定管理。在海河产业引导基金联合相关区域设立的区域性产业基金中，设定一定比例作为区级天使母基金额度，同时鼓励相关区域采取其他方式设立天使母基金
	云南省科学技术厅　云南省财政厅　中国人民银行昆明中心支行　中国银行保险监督管理委员会云南监管局关于印发《云南省科技贷款损失风险补偿资金管理办法》的通知（云科规〔2022〕3号）	云南省科学技术厅、云南省财政厅、中国人民银行昆明中心支行、中国银行保险监督管理委员会云南监管局	在前期科技贷款风险补偿制度试点基础上，进一步创新财政科技资金使用方式，引导更多银行、担保、保险及创业投资等金融机构完善金融支持创新体系内部制度体系，丰富科技金融产品及服务模式，加速科技成果转化及产业化
	浙江省科学技术厅等7部门印发《关于推动创新链产业链融合发展的若干意见》的通知（浙科发高〔2022〕16号）	浙江省科学技术厅、浙江省发展和改革委员会、浙江省经济和信息化厅、浙江省财政厅、浙江省人力资源和社会保障厅、浙江省市场监督管理局、浙江省地方金融监督管理局	以解决企业创新实际困难和强烈需求为主攻方向，提出了强化企业重大科技项目攻关主体作用、激励企业加大研发投入、支持企业引育高层次科技人才、提升战略科技力量服务企业水平、整合集聚创新资源为企业服务、增强科技金融服务企业能力、落实首台（套）产品推广应用政策、强化科技招商与高新技术产业投资、加强知识产权保护和运用等9个方面举措
	中国银保监会江苏监管局　江苏省科学技术厅关于开展科技型中小企业银企融资对接专项行动的通知（苏银保监发〔2022〕8号）	中国银保监会江苏监管局、江苏省科学技术厅	通过为期9个月的专项对接活动，搭建银企沟通桥梁，引导更多金融资源向科技创新领域倾斜，实现科技型中小企业贷款余额、有贷款户数较上年明显增长，首贷、中长期贷款、信用贷款投放和知识产权质押融资显著增加，为高水平科技创新提供有力金融支撑
	深圳市人民政府关于进一步促进深圳工业经济稳增长提质量的若干措施的通知（深府〔2022〕45号）	深圳市人民政府	拓宽企业直接融资渠道：按照"一集群一基金"配置原则，加快设立战略性新兴产业集群专业化投资基金；出台支持风投创业投资机构发展政策，建设国际风投创业投资机构集聚区

附录2　2022年中国科技金融大事记

2022年1月，中国人民银行印发《金融科技发展规划（2022—2025年）》（简称《规划》）。《规划》指出，要坚持"数字驱动、智慧为民、绿色低碳、公平普惠"的发展原则，以加强金融数据要素应用为基础，以深化金融供给侧结构性改革为目标，以加快金融机构数字化转型、强化金融科技审慎监管为主线，将数字元素注入金融服务全流程，将数字思维贯穿业务运营全链条，注重金融创新的科技驱动和数据赋能，推动我国金融科技从"立柱架梁"全面迈入"积厚成势"新阶段，力争到2025年实现整体水平与核心竞争力跨越式提升。《规划》提出8个方面的重点任务。

2022年2月10日，科技部火炬中心与中国工商银行总行联合印发通知，同意中关村科技园等58家国家高新区作为"十百千万"专项行动首批实施单位；该项重点工作，以创新金融产品和完善服务模式为主要任务，择优在10家左右国家高新区内建设科技金融创新服务中心，带动100家以上国家高新区与工商银行创新政银合作新模式，每年新遴选1000户以上高新技术企业进行重点支持，力争到2025年实现工商银行高新技术企业融资余额突破10 000亿元，形成一批可复制、可推广的科技金融创新产品和服务模式，加速科技企业成长和提升企业创新能力，促进国家高新区优化完善金融服务生态体系，助力国家高新区高质量发展。

2022年2月18日，中国邮政储蓄银行与科技部火炬中心签署了战略合作协议，将加大对国家高新区、高新技术企业、高新技术产业发展的金融支持力度，促进科技、产业、金融良性循环。根据战略合作协议，中国邮政储蓄银行与科技部火炬中心将进一步加强沟通交流，在完善科技金融体系、围绕科技企业生命周期创新金融工具、设立"企业创新积分贷"专属金融产品、客群研究与创新能力评价体系建设、科技金融人才培养、联合进行展业等方面密切开展合作。

2022年2月22日，《国务院关于加快建立健全绿色低碳循环发展经济体系的指导意见》中提出，要建设一批国家绿色产业示范基地。加快培育市场主体，鼓励设立混合所有制公司，打造一批大型绿色产业集团；引导中小企业聚焦主业增强核心竞争力，培育"专精特新"中小企业。大力发展绿色金融。发展绿色信贷和绿色直接融资，加大对金融机构绿色金融业绩评价考核力度。

2022 年 4 月 18 日，科技部与国家开发银行在北京签署战略合作备忘录，贯彻落实党中央、国务院关于金融支持创新体系的决策部署，助力科技自立自强。科技部部长王志刚和国家开发银行董事长赵欢出席签约仪式，并分别代表科技部与国家开发银行签署合作备忘录。根据备忘录，双方将围绕助力重大科技任务实施、支撑国家战略科技力量建设、提升企业技术创新能力等方面开展深度合作。

2022 年 4 月 19 日，国家开发银行在全国银行间债券市场成功发行首单 100 亿元"重大科技成果产业化"专题金融债券，所募资金主要用于支持科技创新成果转化和产业化，包括重大科技成果产业化示范工程、"百城百园"行动等有关信贷项目。这是科技部、国家开发银行深入实施创新驱动发展战略，促进科技与金融深度融合，进一步发挥开发性金融对科技创新的支撑作用，服务高水平科技自立自强的一项新举措。

2022 年 5 月 13 日，中国证监会发布《证券公司科创板股票做市交易业务试点规定》，同日上海证券交易所发布就业务细则公开征求意见，科创板做市制度落地。科创板做市商制度有利于提升科创板流动性、增强价格发现、提高稳定性，有利于科创板长远发展，成为"科创突围"重要驱动力之一。

2022 年 5 月 20 日，中国银行间市场交易商协会发布《关于升级推出科创票据相关事宜的通知》（简称《通知》），将科创类融资产品工具箱升级为科创票据。《通知》指出，科创票据是指科技创新企业发行或募集资金用于科技创新领域的债务融资工具，即科创主体类和科创用途类科创票据。

2022 年 6 月 9 日，中国银保监会召开小微金融工作专题（电视电话）会议，深入学习贯彻近期党中央、国务院关于稳经济的决策部署，交流当前金融支持小微企业等市场主体纾困发展各项政策落实情况和工作进展，布置下一步工作。会议要求，各级监管部门、各银行业金融机构要抢抓时间窗口，靠前担当作为，加快政策细化落实进度。

2022 年 6 月 24 日，中国证监会发布了《最高人民法院关于为深化新三板改革、设立北京证券交易所提供司法保障的若干意见》（简称《保障意见》），《保障意见》立足深化新三板改革、设立北京证券交易所的改革实践，围绕新三板挂牌公司、北京证券交易所上市公司的特征，主要从 4 个方面提供相关司法保障。

2022 年 7 月 8 日，中国证监会启动了私募股权基金、创业投资基金（简称"私募股权创投基金"）向投资者实物分配股票试点工作。这一安排有利于兼顾投资者差异化需求，进一步优化私募股权创投基金退出环境，促进行业长期健康发展，更好地发挥其对实体经济和创新创业的支持作用。

2022 年 7 月 29 日，《科技部等六部门关于印发〈关于加快场景创新以人工智能高水平应用促进经济高质量发展的指导意见〉的通知》（国科发规〔2022〕199 号）中，鼓励银行、保险等金融机构研发面向中小企业场景创新的金融产品，为中小企业推动场景项目建设提供资金支持。鼓励市场化投资机构关注场景创新企业，培育一批"耐心"资本，为开展场景创新的科技企业提供融资支持。鼓励行业大企业在与科技企业联合开展场景创新过程中，为场景项目落地和成果推广提供供应链支持，优先将场景创新成果纳入供应链体系。

2022 年 11 月 21 日，中国人民银行等八部门印发《上海市、南京市、杭州市、合肥市、嘉兴市建设科创金融改革试验区总体方案》（简称《方案》）。《方案》提出，畅通科创企业上市融资渠道。加强上市后备科创企业资源库建设，对优质科创企业进行孵化培育和分类支持。鼓励科创企业进行股份制改造，完善公司治理。鼓励科创企业在境内外上市融资及区域性股权市场挂牌，鼓励更多软件、大数据、人工智能等领域优质企业在国内上市。

2022 年 12 月，中共中央、国务院印发了《扩大内需战略规划纲要（2022—2035 年）》，要求各地区各部门结合实际认真贯彻落实。其中提出了包括支持线上线下商品消费融合发展、培育"互联网＋社会服务"新模式、加快推动数字产业化和产业数字化、发展新个体经济、壮大战略性新兴产业等 15 个数字化相关内容。

附录 3　2022 年部分科技金融学术论文

[1] 张晓莉，张露文，孙琪琪 .“双循环”下科技金融对企业全要素生产率的影响：基于国家科技金融试点政策的准自然实验 [J]. 金融理论与实践，2022（12）：1-12.

[2] 胡欢欢，刘传明 . 中国科技金融效率的区域差异及动态演进 [J]. 统计与决策，2022，38（24）：117-122.

[3] 杜宝贵，廉玉金 . 科技金融何以助力区域创新：基于 TRE 框架的组态研究 [J]. 科学管理研究，2022，40（6）：130-137.

[4] 薛晴，焦文庆 . 数字技术、科技金融与企业创新投入：基于“科技与金融结合试点”的准自然实验 [J]. 西北大学学报（哲学社会科学版），2022，52（6）：137-146.

[5] 黄志刚，张霆 . 科技金融有助于提高企业出口产品质量吗？ [J]. 国际贸易问题，2022（10）：19-37.

[6] 阳灿，刘明显，刘忍妹 . 科技金融政策提高了企业全要素生产率吗？：来自中国工业企业的证据 [J]. 武汉金融，2022（10）：33-41.

[7] 郭景先，鲁营 . 科技金融有助于企业创新效率提升吗：兼论企业数字化转型的调节效应 [J]. 南方金融，2022（9）：50-63.

[8] 徐玉莲，张思琦，郭思迁 . 科技金融网络主体合作的演化博弈研究：基于银行、风险投资与科技企业三方分析 [J]. 金融理论与实践，2022（10）：26-35.

[9] 王韧，李志伟 . 中国科技金融效率的结构异质性与空间分布特征：基于二维产出视角 [J]. 管理评论，2022，34（9）：35-46.

[10] 赵廷辰 . 知识产权质押融资研究：理论回顾、国际经验与政策建议 [J]. 西南金融，2022（9）：3-17.

[11] 李颖明，李倩，王颖.基于科技创新链视角的科技与金融融合发展研究 [J].中国科学院院刊，2022，37（9）：1189-1196.

[12] 薛薇，胡贝贝，魏世杰.深化科技与金融结合 赋能企业高质量创新 [J].中国科学院院刊，2022，37（9）：1206-1215.

[13] 刘海波，王鹏飞，张亚峰.促进科技与金融结合的知识产权策略 [J].中国科学院院刊，2022，37（9）：1216-1225.

[14] 张明艳.商业银行支持科技创新发展 [J].中国金融，2022（18）：72-73.

[15] 齐美东，张硕.中心城市科技与金融融合的效率测度：基于长三角中心城市的研究 [J].金融论坛，2022，27（8）：40-51.

[16] 杨农.推进金融科技产业"三融合"[J].中国金融，2022（15）：45-47.

[17] 张俊芳，苏牧.科技金融生态系统指标构建与国际比较研究 [J].中国软科学，2022（7）：28-37.

[18] 邹克，郑云丹，刘熹微.试点政策促进了科技和金融结合吗？：基于双重差分倾向得分匹配的实证检验 [J].中国软科学，2022（7）：172-182.

[19] 李合龙，吕羽麟，汪存华，等.粤港澳城市群科技金融对科技创新的支持效率研究：基于城市群协同创新的视角 [J].科技管理研究，2022，42（13）：51-58.

[20] 黄靖雯，陶士贵.以金融科技为核心的新金融形态的内涵：界定、辨析与演进 [J].当代经济管理，2022，44（10）：80-90.

[21] 温全，贾敬敦，乔晗，等.基于文献计量的科技金融研究演进路径与发展前沿分析 [J].科学管理研究，2022，40（3）：143-149.

[22] 韩鹏.创业投资结构错配的表现、机理与矫正 [J].企业经济，2022，41（6）：115-122.

[23] 申明浩，谭伟杰，杨永聪.科技金融试点政策赋能实体企业数字化转型了吗？[J].中南大学学报（社会科学版），2022，28（3）：110-123.

[24] 何国华，沈露.科技金融的高质量发展和金融稳定效应研究 [J].经济体制改革，2022（3）：134-141.

[25] 王楷伦，郑炫圻，朱毅.商业银行支持专精特新企业的思考 [J].西南金融，2022（5）：16-28.

[26] 邱兆祥，刘迪，安世友.以金融创新服务科技创新的若干思考 [J].理论探索，2022（3）：86-91.

[27] 李露.动态演化视角下金融供给侧支持科技创新研究 [J].科学管理研究，2022，40（2）：147-154.

[28] 王浩，贺颖，杜玉爽.科技金融政策对技术转移网络协作关系的影响 [J].天津师范大学学报（社会科

学版），2022（3）：92-97.

[29] 刘晨 . 我国瞪羚企业发展现状与金融支持 [J]. 西南金融，2022（4）：19-30.

[30] 刘伟，马伟，杨水清 . 科技与金融深度融合新趋势 [J]. 中国金融，2022（7）：86-87.

[31] 李媛媛，陈文静，王辉 . 科技金融政策、资金网络与企业创新绩效：基于潜在狄利克雷分布模型 [J]. 科技管理研究，2022，42（6）：28-35.

[32] 李媛媛，陈文静，王辉 . 双重网络效应下科技金融政策创新绩效研究 [J]. 华东经济管理，2022，36（3）：55-62.

[33] 李明肖 . 探索首都科技金融发展有效路径 [J]. 中国金融，2022（4）：20-23.

[34] 陈振权，田何志，吴非 . 科技金融发展促进了企业数字化技术应用吗？：基于"科技和金融结合试点"政策的准自然实验 [J]. 现代管理科学，2022（1）：97-105.

[35] 李灿芳 . 科技金融投入对科技创新影响的区域差异分析 [J]. 财会通讯，2022（3）：85-90.

[36] 王帅 . 科技金融发展中的政府监管与法律规制研究 [J]. 财会通讯，2022（2）：156-159.

[37] 汪晓文，谢美琳，田雨琦 . 数字经济时代科技金融效率测算及影响因素分析 [J]. 科技管理研究，2022，42（2）：61-69.

[38] 冯鑫明，殷清，张一飞 . 我国科技金融与产业结构升级的耦合关系研究 [J]. 科技管理研究，2022，42（1）：79-85.

[39] DRAGOMIR R M , JENS M , GEOFFREY W . Varieties of funds and performance: the case of private equity[J]. The European journal of finance,2022,28（18）.

[40] FU H ,QI Y , AN Y , et al. Market capacity, information exchange and imperfect matching: evidence from the Chinese venture capital market[J]. British journal of management,2022,34(4): 14-36.

[41] MICHAEL E ,JOAN M F . private or public equity? The evolving entrepreneurial finance landscape[J]. Annual review of financial economics,2022（1）：271-293.